LA JALOUSIE
Délices et tourments

MARCIANNE BLÉVIS

LA JALOUSIE

Délices et tourments

ÉDITIONS DU SEUIL

ISBN 2-02-066225-6

www.seuil.com

À Claire, ma mère.

Elle avait longtemps cru que les enfants naissaient lorsqu'un rabbin oubliait un mot dans une prière. Ma vive passion pour les mots et les oublis en est-elle l'écho ?

Remerciements

Mes remerciements vont en premier lieu à Monique Labrune pour son soutien intelligent et constant à ce projet. Sa présence vigilante a permis l'aboutissement de ce travail, je ne saurais jamais assez l'en remercier.

Pour célébrer tant d'années de dialogues ininterrompus, de partages de moments de vie et d'indéfectibles encouragements à mon travail, les remerciements se révèlent insuffisants ; je puis simplement dire que pour moi l'amitié a une contrée, et elle s'appelle Irène Diamantis.

À Arlette Farge, première lectrice attentive et chaleureuse, mille mercis pour la délicatesse de son amitié. Merci aussi à Nenuka Amigorena-Rosenberg pour ses remarques judicieuses tissées d'une longue estime réciproque.

Avant de s'en retourner à Berkeley, Ramona Naddaff m'a prodigué d'utiles conseils de lecture dont l'écho dans ce travail est le gage de ma reconnaissance.

Que mes amis Jean-Michel Sterboul et Jean Lacassin soient aussi remerciés, car, ils l'ignorent sans doute, leurs paroles toujours justes ont été d'un incomparable appui.

Je ne saurais oublier mon amie d'outre-Atlantique Judith Feher Gurewich, qui, en m'invitant à rencontrer à de nombreuses reprises les collègues psychanalystes américains, a libéré en moi l'exigeant désir de transmettre l'expérience de l'analyse en un langage qui voyage vers l'autre.

Encore merci à Marie Lenormand, interlocutrice rigoureuse et confiante.

À Jean-Jacques, mon compagnon de tous les jours avec lequel j'ai tant partagé, merci pour la patience avec laquelle il a soutenu ce travail. Merci aussi à mes enfants, qui me donnent la joie d'être ce qu'ils sont.

Avertissement

Comment rendre compte de la complexité et de la richesse des échanges entre un analyste et son analysant ? Tout écrit n'est-il pas forcément réducteur ? Comment transmettre l'aventure d'une psychanalyse, avec ses tours, détours, arrêts et franchissements ?

Sans doute m'a-t-il fallu du temps pour accepter que ces interrogations n'aient pas d'autres réponses que celles que chacun trouve pour son propre compte. Faute de pouvoir traduire la complexité d'*une* psychanalyse, au moins pouvais-je essayer de rendre compte de *toutes*... Ainsi mon travail s'est-il organisé selon des lignes de force distinctes que chaque chapitre accueille. Ce sont les superpositions des expériences de la jalousie qui exprimeront la complexité, les errements et les trouvailles des multiples réflexions que de nombreuses années de pratique de la psychanalyse m'ont apportées.

Jaloux, jalouses

Inquiet comme tous les amoureux, le jaloux franchit un pas de plus : il est sûr qu'un jour ou l'autre, si ce n'est déjà fait, celui qu'il aime le trahira. Lassant à force d'anticiper des infidélités qu'il croit deviner, il guette, inquiet et haletant, le moindre signe de désamour chez ceux qu'il aime. Bien que nous soyons davantage habitués à le plaindre qu'à voir en lui un bourreau, le jaloux semble parfois chercher à provoquer les tourments qu'il redoute.

Éternel incompris qui prévient sans relâche l'innocent amoureux de l'implacable destin qui le guette, notre jaloux est-il une malheureuse victime de l'amour et de l'inconstance du cœur ? S'il prédit souvent à juste titre l'échec de ses relations amoureuses, il a tort d'invoquer un autre responsable que lui-même pour expliquer sa déroute. C'est qu'à la jalousie la simplicité des causes ne convient pas, tant cette passion témoigne de désarrois complexes et secrets, difficiles à traquer. Le jaloux ne déplore-t-il pas souvent que personne ne l'entende ? Isolé dans sa terreur à l'idée d'être trahi tôt ou tard, plein de reproches à l'égard des objets de sa quête amoureuse, il ne parvient pourtant pas à se séparer d'eux. Il souffre, mais ne rompt pas, espérant toujours de meilleurs lendemains.

Sa jalousie le maintient en suspens. Qu'attend-il ? Parfois, il n'en sait rien lui-même et en vient à la regretter quand plus aucun objet ne vient nourrir sa suspicion. Suspendu à l'énigme d'une fatale infortune amoureuse, surpris au plus profond de son être, il reste dans l'expectative, attendant qu'un autre le délivre de son calvaire, enrageant devant les obstacles qui, perpétuellement, éloignent cette perspective. Incompris, il invoque la vilenie d'un rival, voire, plus sourdement, la perfidie de l'être aimé. Aimer un jaloux ne va jamais sans quelque risque…

L'on serait moins perplexe quant aux liens amoureux que tissent ces jaloux (qui feraient perdre leur latin à leurs meilleurs amis) si l'on songeait que la jalousie est pour eux une véritable « drogue ». Parfois, quand ils parviennent à faire partager leur addiction à leurs amant(e)s, la jalousie devient même le ciment de leur union. N'en était-il pas ainsi pour le héros du film de François Truffaut *L'homme qui aimait les femmes*, qui, à propos de sa liaison avec une femme follement jalouse et qui avait failli le tuer, confiait qu'elle était celle avec laquelle il s'était le moins ennuyé ? Il semble que l'inquiétude du jaloux ait aussi quelques vertus : au moins celui qu'il aime ne risque-t-il pas de se sentir oublié…

D'autres (leurs frères ?) préfèrent interrompre une liaison dès qu'une nouvelle aventure se profile à l'horizon. Seraient-ils simultanément volages et jaloux ? L'incompatibilité n'est qu'apparente. Ils recommencent à souffrir de jalousie sitôt la nouvelle relation amorcée : s'ils sont volages en amour, ils demeurent fidèles en jalousie, se montrant aussi incapables d'aimer que d'accepter de ne pas l'être. Se fondre dans un même tout avec leur amant ou amante du moment, dont ils ne doivent être séparés sous aucun prétexte : telle est la visée des liens qu'ils construisent. Intensité fusionnelle haletante et brutale indifférence sont leur lot. Aimer, à ce compte, prend les allures d'une véritable exploitation, par laquelle le jaloux exerce sa violence sur l'autre afin de se donner l'illusion de vivre et d'exister. Leurs jalousies successives sont des machines à broyer tous les liens ; ils ne connaissent pas la tristesse que déclenche la fin d'un amour, ils sont déjà partis ailleurs, vers d'autres jalousies.

Sentiment humain ordinaire, la jalousie nous met dans des états extraordinaires. Songeons un instant à la jalousie « normale » et à ce qu'elle contient en germe de jalousie « anormale », de souffrance anxieuse et folle à l'idée de perdre celui ou celle que nous aimons ; nous aurions avancé d'un pas en acceptant de la compter au rang d'une de nos plus quotidiennes et de nos plus communes déraisons.

De bien étranges passions

La jalousie met celui (ou celle) qui en pâtit « hors de lui ». Il ne se reconnaît plus, ne comprend pas ce qu'elle lui révèle de son rapport à soi et à l'érotisme.

Charles vient de faire une rencontre. Il est heureux, sa liaison est sans nuage. Cependant, chaque soir, profitant d'une proximité de voisinage, il surveille la fenêtre de sa maîtresse. Cette activité l'absorbe dans une contemplation douloureuse, qu'il ne peut pourtant pas s'empêcher de répéter quotidiennement. Lui-même nomme le sentiment qui l'attache à cette fenêtre une « jalousie » dont le sens lui échappe. À la dérobée, il désire s'approprier un savoir sur son amante : « Quand je sais où elle est, je sais qu'elle ne fait pas de bêtises, et je suis rassuré », dit-il sans pouvoir préciser les « bêtises » qu'il redoute de la part de celle qu'il aime (finissant cependant par avouer qu'il songe à quelque aventure masculine).

Localisée, cette femme peut imaginairement devenir l'objet de sa possession. Être à tout moment en mesure de regarder par cette lucarne sans être vu suffit à l'apaiser. La fenêtre est toujours à la même place, comme une femme fidèle au rendez-vous ; il y jette un petit coup d'œil furtif tandis qu'il rentre chez lui et le voilà satisfait. Mais qu'elle reste sombre et l'empêche de rien voir, de complice complaisante l'ouverture suspecte se mue aussitôt en ennemie redoutable. Une angoisse profonde s'empare de lui, le laissant terrifié de ne rien pouvoir deviner des occupations de sa maîtresse. Être exclu de la scène où elle se tient lui est insupportable, « c'est l'horreur », me confie-t-il, fou de jalousie et d'interrogations. À cette inquiétude se mêle paradoxalement une forme d'excitation qui lui fait honte. La jalousie semble souvent provoquer une excitation qui supplée à un érotisme triste et dérouté. Asservi à une fenêtre, Charles se sent « piégé par elle, par sa jalousie » plus grisante que la vie même.

Pourquoi son regard doit-il rester dissimulé ? Que cherche-t-il des yeux dans le cadre d'une fenêtre ? Attend-il qu'un être vivant y apparaisse dans la nuit ?

La jalousie fait voler en éclats les faux-semblants. Il n'est à ce titre pas étonnant qu'elle surgisse à l'improviste, au moment où l'on s'y attend le moins. Sous ses griffes, tout bascule d'un coup.

Les apparences volent en éclats

Plus nos liens amoureux sont fondés sur de fausses attaches ou de fallacieuses constructions, plus la jalousie, comme un révélateur photographique, en trahit les faiblesses.

Maryse a fixé une sorte de pacte avec son amant : elle serait infidèle, il le tolérerait. Partagée entre un lien durable et des aventures passagères, sa vie se déroule paisiblement. Jusqu'au moment où le compagnon de tous les jours, qu'elle traite pourtant en son for intérieur avec désinvolture, sinon avec quelque condescendance, se prend à goûter lui aussi aux joies de l'inconstance. Maryse apprend qu'il a une maîtresse. Abasourdie par cette nouvelle, elle se sent « trompée, trahie », et, oublieuse de ses propres infidélités, se plaint amèrement. « Plus rien n'est comme avant, le monde a changé du tout au tout », dit-elle dans son désarroi.

Elle qui, jusqu'alors, était volage sans aucun état d'âme ne comprend plus ce qui lui arrive. Son compagnon, auparavant négligé, est désormais revenu au cœur de ses préoccupations ; elle ne sait plus quoi inventer pour le reconquérir. Que s'est-il passé pour que cet homme retrouve son statut d'objet précieux, essentiel, indispensable à sa vie, lui qui, il y a peu de temps encore, ne la préoccupait guère ? Elle le désire à nouveau avec autant d'ardeur que lors de leurs premières rencontres. Quelle crainte, quel trouble la jalousie a-t-elle réveillés chez elle pour que, en un instant, le « pauvre type » qu'elle considérait avec commisération se mue en bourreau cruel en même temps qu'en amant intensément désirable ?

Au prétexte que la souffrance du jaloux apparaîtrait décalée, voire déconnectée, par rapport à la réalité, son intensité est souvent méconnue. Il revient au psychanalyste d'en saisir les causes plutôt que d'en nier les tourments : la jalousie n'est pas seulement liée à la perte effective de celui ou de celle qu'on aime, elle anticipe celle-ci. Ainsi se confirme l'insécurité totale qui ronge les jaloux.

Avant même qu'un lien amoureux ne leur fournisse de quoi alimenter leurs soupçons, ils sont déjà jaloux. Ainsi Jeanne, indifférente et infidèle tant qu'elle n'aime pas, se découvre-t-elle subitement atteinte de ce mal dès qu'elle est amoureuse. « C'est même le signe que j'éprouve de l'amour », m'assure-t-elle. « Quand j'ai un trou dans l'estomac, que mes jambes ne me portent plus en pensant à lui et que je suis dévorée de jalousie, alors là, c'est sûr, je suis éprise et même bien prise. » Pour elle, il existe une équivalence incontestable entre l'état amoureux et la jalousie, sans que l'on puisse véritablement déceler lequel des deux déclenche l'autre.

Jaloux et jalouses

Une « jalousie » au sens architectural désigne une petite fenêtre par laquelle on peut regarder à la dérobée. On trouve de nombreuses variations de ce genre de fenêtres en Andalousie, comme dans certains pays d'Orient. Les femmes n'ont le droit ni d'être vues par d'autres hommes que ceux auxquels elles « appartiennent » ni de les regarder ouvertement. Le regard est donc le lieu d'un enjeu de pouvoir. Celui qui n'est pas vu appartient à la catégorie des dominés ; tandis que celui qui est libre de son regard est libre de son désir. Dans la jalousie, celui qui souffre se sent privé de tout regard : on ne le voit pas, on regarde ailleurs. Le jaloux ne se sent plus tout à fait le droit d'avoir un regard vivant à lui, il ne voit rien puisqu'on ne le regarde plus. Il n'est plus qu'un prisonnier tournant en rond dans la cage de sa passion.

Parce que les femmes parlent plus volontiers de leur jalousie et des souffrances qui sont les leurs, certains ont pu penser que les hommes n'étaient pas logés à la même enseigne qu'elles. L'expérience montre cependant que la jalousie n'est pas leur apanage. Ce sont les moyens utilisés pour se défendre des angoisses intenses de la jalousie qui, eux, sont multiples et variés, plus volontiers utilisés par les uns ou les autres, plus ou moins bruyants et visibles.

Si certains hommes se montrent volontiers abattus et désorientés quand leur femme les quitte pour un autre, d'aucuns avoueront seulement à leurs amis proches (ou à leur analyste) combien ils sont dévorés d'angoisse, de jalousie et de rage. Le jaloux se mesure à l'aune de « qui est homme » et « qui ne l'est pas » ; la virilité, au sens du mot *vir*, implique en effet un devoir-être, une *virtus* qui doit être validée devant les autres hommes, du moins implicitement. L'expression de la jalousie subit la censure de certains codes masculins en usage (il s'agit souvent de codes d'« honneur ») ; elle s'extériorise diversement selon les cas, sans que jamais l'intense souffrance qu'elle provoque ne s'en trouve réduite.

Les stratégies de défense face à l'angoisse qui étreint quiconque se trouve délaissé sont multiples ; mais la blessure qu'entraîne le mépris que l'on attribue à celui qui s'en va est pour les hommes et les femmes la plus honteuse et la plus douloureuse qui soit. Quand celui qui part manifeste une indifférence outrée, il est bien difficile pour celui qui est quitté de ne pas sombrer dans une jalousie délabrante.

Paradoxalement, le mépris que l'on croit susciter est encore une manière de maintenir un lien. L'abandonné n'imagine pas qu'il a été chassé des préoccupations de celui qui, il y a peu, semblait l'aimer ; il préfère penser qu'il a été délaissé en raison de quelque défaut. La jalousie vient se nicher dans cet espace du mépris, elle s'y love, égare celui qui en est la proie ; elle devient une délectable destruction.

Des charmes si vénéneux

La jalousie ne se déchaîne ainsi qu'à la mesure du sentiment qu'éprouve le jaloux d'être indigne d'amour et de regrets ; elle surgit comme une douleur qui se trompe d'objet. Le jaloux ne cesse de redouter que celle ou celui qu'il a élu(e) ne soit sensible à des sortilèges dont lui seul n'aurait pas la formule. L'une s'intéressera subitement à la mode parce que sa rivale travaille dans ce domaine ; tel autre avouera qu'il imagine les hommes que son amante lui préfère toujours parés de quelque « grâce » dont il ne peut rien dire, sinon qu'il ne la possède pas. « Je suis laid, d'une laideur insigne ! Mon sexe aussi est laid ! Comment une femme peut-elle aimer ça ? Pas étonnant que Clarisse songe à me quitter. Je guette le moment où cela va se produire, où elle va en rencontrer un autre, évidemment plus beau. Je suis en permanence fou de jalousie et quand je ne le suis pas, je suis effondré de déprime et de dégoût de moi… »

C'est ainsi que Jacques parle de lui-même : la laideur et la jalousie, chez lui, vont de pair, l'une justifiant l'autre, « depuis [s]a naissance ». Ainsi, la certitude qui est la sienne cherche sans relâche sa confirmation auprès de moi. Pour lui, comme pour beaucoup de jaloux des deux sexes, la jalousie va de soi, car elle est liée au sentiment de manquer de ce charme dont tous les « autres » disposent « naturellement ».

C'est le travail du psychanalyste de ne pas en rester à la lettre des plaintes de son analysant et de lui indiquer le type de questions qui lui permettront de remonter aux origines de sa jalousie. Comment sa mère a-t-elle aimé le petit homme qu'il était, et ce depuis sa venue au monde ? Son père l'a-t-il épaulé ou l'a-t-il abandonné sans lui laisser la possibilité d'éprouver aucune fierté ? A-t-il pu s'aider de frères et de sœurs ? S'est-il entouré de cette précieuse famille d'adoption que sont les copains et les amis ? Dans tous les cas, pourquoi n'a-t-il pas cherché ailleurs que dans la position d'un souffre-douleur la solution à ses véritables blessures ?

De façon symétrique, la jalouse se sent douloureusement dépossédée de sa féminité au profit de toute autre femme vue comme « désirable » et considérée dès lors et pour cela même comme une vraie femme. Si l'on parle en sa présence d'une inconnue qui, par exemple, exerce la même profession qu'elle, celle-là se métamorphose immédiatement en une concurrente mieux dotée et plus douée qu'elle ; la jalouse n'est plus rien et s'effondre face à la rivale. Si on lui parle à l'inverse des succès professionnels d'un homme, elle s'en trouve moins atteinte, preuve qu'à la source de sa jalousie c'est l'amour d'elle-même « en tant que femme » qui se trouve atteint.

Troublés, jaloux et jalouses doutent inlassablement de leur beauté, de leur charme et de leur valeur d'homme et de femme. À la question de savoir s'il était un meilleur amant que tous ses rivaux, passés, présents et futurs, Paul ne se releva pas de l'infime hésitation qu'il crut déceler dans la réponse de sa maîtresse, sans envisager un instant le fait que la question qu'il posait contenait le verdict qu'il tremblait d'entendre. La distinction du même et de l'autre est au centre de la jalousie amoureuse : le jaloux et la jalouse sont en effet perpétuellement hantés par l'image d'un rival de même sexe, que toujours ils parent des attributs qui leur font défaut.

Jaloux et jalouses ne cherchent-ils pas à « fusionner » avec ceux qu'ils aiment afin de pouvoir posséder à eux tout seuls ces « êtres de fuite » que représentent, à leurs yeux, amants et amantes ? Le jaloux nous indique que sa « maladie » prend sa source dans une perte qu'il ne peut ni dire ni imaginer. Il cherche dans celui qu'il harcèle de son amour un bien qu'il a égaré ; aussi longtemps que l'indicible souffrance qui en découle restera insituable, il ne cessera de redouter les infidélités à venir.

Aussi un jaloux, perdu dans ses incertitudes, n'est-il jamais loin de croire qu'amantes et rivaux sont ligués pour le faire souffrir.

Rendre quelqu'un jaloux

Les jaloux ne sont-ils pas sûrs et certains que ceux qu'ils aiment prennent un malin plaisir à les rendre jaloux, alors que souvent il n'en est rien ?

Dès qu'ils se trouvaient en société, l'amant de Cécile cessait de s'adresser à elle pour engager des conversations sans fin avec d'autres femmes. Elle en devenait « folle » de jalousie, disait-elle avec amertume, et se sentait, en ces occasions, « sombrer, ne plus exister, s'effondrer complètement ». Était-ce cela qu'on était en droit d'attendre d'un homme quand on est une femme, m'interrogeait-elle, prête à mettre fin à leur amour ? S'il est vrai que la jalousie rend trop « intelligent », trop proche de celui qui est aimé, s'il est indéniable aussi que le jaloux ne se trompe guère sur les instants de désamour transitoires propres à toute relation, où peut bien résider son erreur ? S'il se trompe, c'est en ce qu'il veut croire que la légère désaffection qu'il décèle est forcément irrémédiable ou qu'elle s'adresse à lui. Affolé, il ne peut tolérer la moindre déchirure dans l'enveloppe parfaite d'amour dont il veut être nimbé. L'une est « écorchée vive » à chaque séparation, l'autre ne supporte pas d'être empêché de joindre à tout moment celle qu'il aime ou un troisième que son amante ait une activité de laquelle il se sente exclu. Or nul n'est à même de satisfaire une telle avidité : chacun, tôt ou tard, vaque à ses pensées. Ce quant-à-soi, pour les jaloux, est une offense. Elle s'éclaire si l'on recherche avec eux quelle est la véritable enveloppe dont ils ont manqué.

Comment Cécile, forte des convictions dictées par sa jalousie, aurait-elle pu en effet envisager que, si son amant aimait séduire « à tous vents » toutes les femmes rencontrées en sa présence, son amour pour elle ne se trouvait nullement remis en cause par cette posture ? L'on sait combien le regard est important dans l'anxiété jalouse de ceux qui s'imaginent toujours menacés d'être évincés par un(e) autre. En croyant perdre l'attention de son amant, Cécile perdait tout, mais cet effondrement tenait à des fragilités qui lui étaient propres et dont elle n'avait aucune idée. En vérité, elle était le jouet d'une jalousie bien plus moqueuse et redoutable que l'amant dont elle se plaignait.

Toi, mon rival, mon frère

Bien des jaloux des deux sexes l'avouent : ils s'ennuient dans des liens trop tranquilles. La jalousie leur manque. Quand, à force d'insistance, ils parviennent à leurs fins, leur désir se tarit souvent. Torturés tant qu'ils redoutent une infidélité, ils voient leur désir s'éteindre avec la satisfaction et la conquête.

Sans doute ce schéma est-il des plus classiques. Mais nos jaloux ne nous révéleraient-ils pas à l'occasion que le rival est, pour eux, un indispensable soutien de leur désir ? Contrairement à ce que l'on croit souvent, le jaloux hait ses rivaux, mais il n'en est pas moins encore plus malheureux quand il les perd. En témoignent les compétitions sportives : lorsque les efforts de l'un sont orientés pour vaincre tel ou tel rival, une fois celui-ci battu, le sel de la compétition semble abandonner l'heureux vainqueur. Ce dernier a gagné trop vite, trop facilement, pensera-t-on. Non, comme tout jaloux, l'opposant attend de rencontrer un « frère » dans son rival, et c'est de ne pas y parvenir qu'il souffre. « Où es-tu, toi, mon frère, mon autre moi-même ? », semble-t-il tristement adresser à son concurrent évincé. Détrôner, éliminer, voire tuer le rival paraît être le désir du jaloux ; est-ce néanmoins réellement ce qu'il souhaite ?

En effet, on a beau jeu de relever qu'un rival est d'autant plus jalousé qu'il ressemble au jaloux comme un frère, haï de n'être que trop aimé. Figure du frère, du double, la rivalité nous ramène à la complexité des liens qui attachent l'enfant à sa mère, certes, mais aussi à ses frères et sœurs, tant il questionne, comme tout jaloux, la place qu'il a pour celui ou celle qu'il aime. Délogé d'un lieu dont il attend la restitution plutôt que d'en considérer les limites, le jaloux veut se fondre avec l'objet de sa passion, il exige, éternellement nostalgique, que « l'enveloppe redevienne parfaite ». Il veut oublier qu'à la source de sa jalousie il y a l'inquiétante étrangeté de la confrontation avec un autre que lui et en même temps semblable à lui.

Ainsi, le jaloux se trouve dans une impasse, attendant que quelqu'un l'en délivre. Son apparente maîtrise des aléas du cœur dissimule une fragilité bien éloignée de toute certitude rassurante. En dépit de leurs perpétuelles anticipations et de leurs éternels soupçons, le jaloux et la jalouse sont en réalité complètement démunis. Crispés, inquiets, rongés par l'insécurité que tout lien réveille immanquablement, ils préfèrent parfois renoncer à un amour plutôt que d'en supporter les tourments.

Exilés d'eux-mêmes, leur langue d'enfance figée par une angoisse intolérable, ils contemplent tristement les autres, envieux de voir en eux des élans moins bâillonnés que les leurs. Quand l'art du psychanalyste restitue aux jaloux leur langue d'enfance amoureuse, insouciante et libre, ne les rend-il pas à nouveau aptes à l'amour ?

CHAPITRE I

L'étrange appel de la jalousie

Cléa arrive en analyse pour une raison urgente et banale : elle vient de faire une rencontre amoureuse et, alors que rien n'était susceptible de l'inquiéter dans le dialogue qu'elle entretient avec son nouvel amant, elle se sent prise de panique. Une véritable crise d'angoisse la saisit et l'aspire dans un gouffre dont elle ne sait comment sortir. Des pensées qu'elle juge « folles » l'assaillent. En effet, une intense jalousie la déchire, d'autant plus douloureuse qu'elle ne peut en comprendre l'objet. La première surprise par ce qui lui arrive, Cléa nous invite à la rencontrer dans l'étrange familiarité de ce qu'elle perçoit. Ce n'est pas la première fois qu'elle ressent les griffes de ce « maître » ou de cette « maladie »[1]. Jusqu'alors, pourtant, elle habillait sa jalousie de justifications apparemment légitimes. Cette fois, rien de tel, il lui est devenu impossible de se mentir plus longtemps : elle ne peut imputer à personne d'autre qu'à elle-même le déferlement d'une jalousie immotivée.

1. Voir M. Proust, *À la recherche du temps perdu*, Paris, Gallimard, « Bibliothèque de la Pléiade », t. IV, 1995, p. 225. Le narrateur rend compte de la naissance de la jalousie de Charles Swann à l'égard de sa maîtresse Odette de Crécy : « Il fut bien obligé de constater que dans cette même voiture qui l'emmenait chez Prévost, il n'était plus le même, il n'était plus seul, qu'un être nouveau était là avec lui, adhérent, amalgamé à lui, duquel il ne pourrait peut-être pas se débarrasser, avec qui il allait être obligé d'user de ménagements comme avec un maître ou une maladie. »

Sans idées toutes faites, mais non sans perplexité, j'essaie de dessiner, pour moi et pour elle, le paysage des sensations et des pensées qui ont précédé l'éclosion de sa jalousie. Rien n'est en effet plus éclairant que de revenir sur les préludes d'une souffrance. On peut y trouver quelques indices « signifiants » qui bordent l'espace sans fond du désastre qui s'annonce.

Je l'interroge donc sur les mots, les pensées, les images qui ont précédé le surgissement de sa panique anxieuse. « J'ai failli m'évanouir de douleur, explique-t-elle, quand il m'a susurré à l'oreille : "Tu ne sauras jamais combien je t'aurai aimée." Vous voyez comme je suis sensible à la grammaire ! », ajoute-t-elle, non sans une certaine ironie dans la voix. « Ma jalousie vient d'un simple usage du futur antérieur, à ce moment précis. C'est fou, non ? Je ne pouvais plus tenir, plus rester en sa présence, comme si j'étais repoussée par un aimant puissant. » Un univers de suppositions concernant celui ou celle à qui cette phrase sera adressée se forge en elle en un instant. « À qui va-t-il parler de moi au passé ? Alors que j'aurai disparu de sa vie, à quelle femme dira-t-il ces mots ? », s'interroge-t-elle, anxieusement, dans son for intérieur. Sa jalousie se déchaîne face à « une » hypothétique rivale d'un temps futur, qui la nargue comme si elle était déjà cruellement présente.

Depuis cette phrase fatidique, une jalousie bien familière la taraude : « Je vis dans l'attente terrifiée d'une "rencontre" qu'il pourrait faire, comme lors de mes anciennes liaisons. L'avenir me semble plein d'embûches. Je redoute n'importe quelle femme, car toutes sont susceptibles, à chaque instant, de le séduire et de le détourner de moi. C'est un enfer ! » Pressentant qu'elle est en train de toucher une sorte de « fond » dans la jalousie, elle demande mon aide. Ce qu'elle éprouve est confus, impossible à exprimer. Elle voudrait à la fois s'enfuir avec son amant sur une île déserte afin d'éviter les inévitables créatures féminines qui, peuplant d'ordinaire les terres habitées, ne manquent pas de lui offrir quelque occasion de rencontre ; mais, aussi bien, elle songe à le quitter, car elle sent qu'elle ne pourra plus longtemps lui dissimuler l'intensité de son agitation. Seule l'amplitude de son angoisse la ramène à la raison en lui démontrant, cette fois, le caractère irrationnel de sa jalousie. « Je l'aime et, à cause de cette jalousie qui m'assaille encore, je scie la branche sur laquelle je suis assise », ajoute-t-elle, lucide et désespérée.

Ce gouffre sans nom

Ces douloureuses pensées l'empêchent de goûter la rencontre amoureuse naissante. Depuis le moment où son être a vacillé d'angoisse dans les bras de son amant, la jalousie la dévore. Dès qu'il approche une femme ou se « tient dans la même pièce qu'une autre », tout appui semble l'abandonner et le sol paraît se dérober sous ses pieds. Elle n'est plus « portée » par ses jambes. Rien ne fait plus sens. Elle pourrait « s'évanouir », affirme-t-elle. Dans ces moments, elle se sent sombrer. Elle tente alors vainement de survivre, de poursuivre un semblant de conversation avec l'interlocuteur du moment, mais l'esprit n'y est pas.

Si l'on en croit les jaloux ou les jalouses, la panique qu'ils éprouvent serait une conséquence de leurs soupçons. La jalousie ayant surgi *après* la crise, Cléa nous fait mesurer combien c'est l'angoisse[1] qui suscite les doutes du jaloux et non l'inverse. Ainsi, à la question de savoir si l'angoisse est la cause ou la

1. S. Freud, *Inhibition, Symptôme, Angoisse*, Paris, PUF, 1971, « Expression d'un désarroi » (p. 61). L'angoisse signale qu'aucune distance (aucun refoulement) ne sépare plus le sujet d'une sorte de chaos interne terrifiant – et d'ajouter : « L'angoisse est incontestablement en relation avec l'attente, elle est angoisse de quelque chose ; elle a pour caractères inhérents l'indétermination et l'absence d'objet » (p. 94).

conséquence de la jalousie, convient-il de répondre qu'elle en est avant tout l'expression. La jalousie témoigne d'un affolement face auquel les soupçons du jaloux semblent être une « rationalisation », un « habillage » du mouvement d'effroi qui la suscite. Ces masques donnent-ils cependant quelques clés ? Subitement aspirée dans un autre espace-temps, cette femme ne sait plus comment revenir dans son « présent ».

Cléa pourrait, nous dit-elle, « s'évanouir, tomber par terre » de douleur, expressions métaphoriques d'un appui symbolique qui, se dérobant, laisse le sujet « à terre ». Les liens amoureux rendent fragiles parce qu'on y met des espoirs anciens et que chacun y cherche réparation de blessures invisibles. Gageons que cette femme reçoit dans le message de cet homme un signe confus : « Comment, au moment même où il me dit qu'il m'aime, peut-il parler comme si nous n'étions plus ensemble ? », s'étonne-t-elle. Les temps se confondent, les messages aussi. Présence et absence sont énoncées comme s'il s'agissait d'une même chose. Au lieu où l'on s'attendrait à un message clair surgit la duplicité des mots.

La confusion des sentiments

Cléa oscille anxieusement entre le désir et l'angoisse. Elle ne peut pas plus trancher entre l'assurance d'être aimée et celle d'être délaissée qu'entre celle d'être présente et celle d'être absente à elle-même. Pas étonnant qu'elle ait été « si sensible à la grammaire » : indépendamment du sens des mots, la syntaxe indique les dispositifs temporels et spatiaux qui déterminent la position du sujet. L'entrelacement des passés et des futurs propre au futur antérieur situe l'énonciateur en « surplomb » ; aussi ne partage-t-il plus l'instant présent avec celui à qui il destine ce message. La jalousie surgit ainsi de simples mots où l'abandon se trouve à la fois dit et dénié. S'appropriant le futur devenu « antérieur » et, par là, le destin du lien amoureux qui les unit, son amant affirme son absence au lieu même où il se dit présent. Dans l'intimité de l'étreinte, le futur antérieur, ainsi utilisé, prend le sens d'une mort annoncée. Notre amoureuse le reçoit comme un coup de poignard.

Elle ne sait plus qui elle est, femme aimée au présent ou femme oubliée du futur. Elle ne sait plus qui est son amant, l'homme qui lui fait serment de son amour ou celui qui, séparé d'elle, s'adresse à une autre femme. Alors qu'elle se croyait en sécurité dans l'étreinte, Cléa se retrouve étrangère à elle-même et « propulsée dans l'angoisse[1] ». Les mots ne lui servent plus à s'amarrer à ce qu'elle est. Lui donnant littéralement le vertige, ils la rendent incapable de situer l'énoncé et sa formule paradoxale. Les paroles de son amant, y compris l'usage du futur antérieur, auraient pu être interprétées comme une tentative maladroite de maîtriser l'incertitude de tout lien ou encore comme le signe d'une ambivalence inconsciente. Dans ce cas, Cléa aurait pu y puiser des raisons de se mettre en colère ou de renvoyer son amant à une éventuelle mauvaise foi. Ayant perdu toute faculté de réagir, elle se retrouve figée et démunie.

Face à la perte du sentiment de soi, il devient impossible d'identifier d'où vient une agression, d'en prendre la mesure et de s'en défendre. À l'origine de la métamorphose de son amant et de son hypothétique rivale en figures grandioses et écrasantes, la destitution subjective subie par Cléa confère à leurs paroles et à leurs actes le poids d'un verdict accablant qui redouble son angoisse. La jalousie est une torture qui se nourrit des moindres

1. J. Lacan, *Le Séminaire, livre X. L'angoisse*, Paris, Seuil, 2004, p. 104.

mots et les détourne à son profit. Sous ses griffes, la polysémie et l'ambiguïté du langage deviennent autant de pièces à conviction pour instruire le procès de l'être aimé, à charge évidemment.

Derrière l'écran de la jalousie se cache la violence d'un effroi radical qui a laissé le sujet sans défense. Désormais incapable de recourir aux mots, celui-ci semble être devenu leur jouet. L'usage par son amant de figures de rhétorique ambivalentes avait indéniablement agressé Cléa. Sa réaction, pourtant, dévoile surtout la faiblesse de ses moyens de réponse face au léger désamour qu'elle a cru déceler. Par une fatale « concordance des temps », il ne lui est plus possible de distinguer le temps présent, où son amant lui parle, du temps tout autre auquel l'angoisse, mémoire d'un anéantissement du « moi[1] », la rappelle et la renvoie. Comment cette jeune femme, si sensible à ces nuances de grammaire, pouvait-elle, afin de s'en protéger, manquer d'identifier la sourde ambiguïté qui les habitait ? Intelligente en d'autres occasions, elle se trouvait, dans cet échange, totalement sans défense, et se sentait devenir « bête, débile ».

D'ailleurs, ne trouvait-elle pas que son amant, par cette tournure, apparaissait « exempt de toute souffrance, imperturbable », et qu'il la « regardait de haut ou de loin » en disant : « Tu ne sauras jamais combien je t'aurai aimée ! », comme s'il la dédaignait déjà ? Ainsi se dessine un autre aspect de sa jalousie : l'élu du jaloux est placé hors d'atteinte et devient aussi inaccessible qu'incompréhensible.

1. S. Freud, *Inhibition, Symptôme, Angoisse*, *op. cit.*, p. 9 : « Le moi est réellement le lieu de l'angoisse. »

Hors d'atteinte

La crise d'angoisse a ouvert un abîme entre son amant et elle, comme si celui-ci cessait d'appartenir à la même « espèce ». Elle ne le voit plus tel qu'il est : il prend à ses yeux des allures grandioses et se métamorphose en être profondément cruel. Alimentant dès lors des ruminations sans fin sur le sens de telle ou telle expression, le jaloux, comme un affamé, retourne chaque mot dans tous les sens afin d'y découvrir quelque message secret dont il se doit de trouver la clé.

Dans ces conditions, les paroles de son amant prennent la signification d'une prédiction indéchiffrable qui conduit notre jalouse à s'interroger pendant des heures sur la manière de « bien se comporter » afin de ne pas lui déplaire ; les propos de cet homme paraissent sortir de la bouche d'un oracle proférant des commandements accablants et impossibles à exaucer. Le jaloux est en permanence la proie de batailles intérieures, aussi épuisantes que stériles, dans lesquelles il se trouve avant tout en lutte avec ses propres démons. Alors que l'une croira que sa rivale « sait » mieux qu'elle satisfaire aux exigences de son amant devenu un Dieu plus « jaloux » de son pouvoir que celui de la Bible, l'autre pensera que son rival est paré d'un charme mystérieux que lui seul possède. Jaloux et jalouses oublient qu'il n'y a qu'eux pour doter leurs rivaux de tant d'attraits.

Cléa ne pouvait méconnaître davantage combien elle se dépossédait de ses privilèges féminins au profit d'un fantôme sans consistance. S'effaçant devant n'importe quelle femme, elle devait bien se rendre à l'évidence : sa rivale n'existait pas.

En se montrant si « sensible » à la grammaire, c'est à celle des infimes distances au sein de l'étreinte amoureuse que Cléa nous convie ; ainsi nous fait-elle accéder à la petite fille en elle, jadis déroutée et désorientée face à ses propres élans amoureux. Aurait-elle été évincée du pays de l'enfance, de sa violence amoureuse et libre ? On comprendrait dans ces conditions qu'elle ait été « si sensible » à cette grammaire de l'exclusion portée par les futurs antérieurs.

Presque immanquablement, tout jaloux se révèle « possédé » par cette fatalité du langage. C'est en cela que la jalousie a si souvent l'air de frôler la folie, nous rappelant ainsi qu'au fond d'elle gît un effroi abyssal, dont l'excitation passionnelle n'est que le masque. Jaloux et jalouses apparaissent toujours, comme Cléa, douloureusement mis « hors » d'eux, « en suspens », en attente d'être entendus. Afin que cette jeune femme renoue avec elle-même, il était nécessaire de se mettre à l'écoute de sa « langue d'enfance », expression qui désigne en tout sujet ses élans amoureux, ses appels à la reconnaissance, mais aussi la violence nécessaire à chacun pour se libérer des attaches aliénantes.

Paysage de ruines

Afin de retisser les fils du tissu psychique abîmé, il convient de laisser venir du lieu même de l'enfant, dans son propre langage, les raisons du désastre. Il faut donc toute la souplesse du psychanalyste pour parvenir à se mettre dans la « peau d'enfance » de son patient, l'imaginer et trouver les mots qui lui ont manqué. Plutôt que de me laisser égarer par les tours et détours des conjectures où sa jalousie nous entraînait, je poursuivis mes questions sur les sensations confuses d'aimantation et de rejet qu'elle avait éprouvées au plus vif de son angoisse, juste avant que son désarroi ne se métamorphose en soupçons.

« Au moment où j'allais m'effondrer, ajouta-t-elle alors, m'est revenue une image qui me poursuit durant mes insomnies. Dans une ville dévastée par une guerre ou un bombardement, un chien errant, efflanqué et affamé, marche le long d'une façade d'immeuble, en ruine, à moitié effondrée, étrangement luisante dans la nuit. Ce chien errant efflanqué, je sais que c'est moi, moi quand je suis malheureuse. » Malheureuse comme un chien.

Cette image, née à la frontière du rêve et de la rêverie, semblait condenser plusieurs éléments importants. Au carrefour de nombreuses pistes, elle nous mettait au contact d'une ancienne détresse (la marche solitaire de l'animal dans la nuit), des anciennes tentatives de l'enfant pour donner sens à son désarroi (l'animal efflanqué et « affamé ») et de son désir de prendre soin d'elle-même (« moi quand je suis malheureuse »). Alors qu'elle semblait faire le décompte des forces psychiques en présence comme de troupes avant la bataille, ces images revenaient de façon récurrente, tels un appel à l'aide et un témoignage. Je pris le parti d'entendre dans ce récit un message venant de Cléa-l'affamée s'adressant à Cléa-la jalouse afin de l'éclairer. Son appel ne pouvait passer inaperçu ni me dispenser de le déchiffrer avec elle.

Dans cette rêverie, des éléments de son passé (guerres et bombardements) s'associaient à la situation présente (quelque chose chez son amant) autour d'une question informulable[1] autrement. Hantant ses insomnies, au seuil de son monde onirique, cette énigme restait à la porte de son sommeil, imprégnant d'une anxiété sans fond les émois de ses crises de jalousie.

1. Cette question informulable sinon par les moyens de représentation qu'offre le rêve est le « désir » du rêve ; ainsi le rêve est-il l'une des formes du désir de contruire l'espace du sens face au non-sens qui « chaotise ». La rêverie de Cléa se tient au bord du rêve ; elle a un désir de rêve qui ne peut trouver à s'accomplir.

Les « façades luisantes » me firent penser aux « faces » ou visages que scrute tout enfant, les « façades » de ceux qui l'entourent. N'examinait-elle pas son amant avec des oreilles et des yeux éveillés par la relation amoureuse, comme le seraient ceux d'un bébé en alerte ? Je laissai se former en moi les images qu'elle avait suggérées d'elle-même et qui avaient surgi au moment de la crise d'angoisse à l'origine de sa jalousie : le chien efflanqué, elle bébé et égarée, perdue dans un univers de « façades » désolées, dévastées par « une guerre et des bombardements ». Le mot qui désigne cette lumière étrange et nocturne, « luire » ou « reluire », qui signifie aussi « faire jouir » en argot, suggère que les « façades » furent un moment « reluisantes » ou « réjouies » avant de surgir en ruine dans la nuit brisée de ses insomnies, ces failles précoces de l'être qui persistent à l'âge adulte.

L'enfant avait-elle secrètement participé aux mines « luisantes et réjouies » de son père et de sa mère, comme son appétence amoureuse pouvait le laisser penser ? N'avait-elle pas aussi été traversée par leurs « guerres », comme l'abîme de souffrance éveillée par la maladresse grammaticale de son amant le suggérait ? Les bombardements semblaient gronder, eux, comme des voix furieuses et en colère, à la fois énigmatiques et terrifiantes. Je tentais de repérer le choc entre deux langues, celle de l'enfant et celle des adultes, dont l'irruption des mots « guerre » et « bombardement » faisait entendre la ligne de partage.

Sans doute, lui indiquai-je, avait-elle perçu quelque chose sur la « face » de son amant qui avait résonné en écho au double sens des mots de ce dernier. Je continuai de l'interroger sur les guerres intimes et collectives de ses parents, points de rencontres de la grande et de la petite histoire, la sienne et celle de ses proches. Quel conflit avait pu être la cause de ces ruines, ces visages-façades qu'elle regardait de tous ses yeux, affamée de comprendre quelle y était sa place ? Derrière tous ses rêves d'amour et de jalousie, c'est cette interrogation qui, de manière insistante, semblait se répéter.

Les façades du secret

Visiblement étonnée par mes questions, elle se mit à évoquer les « guerres » familiales. Celle où son père avait disparu, mais aussi celle que ses parents s'étaient livrée entre eux avant le déclenchement de la « vraie ». Elle savait en effet que sa mère avait été « trompée » par son père pour des raisons aussi obscures que subites. Puis la guerre était arrivée sans qu'aucun des espoirs de sa mère n'ait été comblé. La mort du mari était venue parfaire l'« effondrement » désespéré de cette femme, qui, à partir de ce moment-là, n'avait plus jamais parlé de lui à sa fille. En dépit de ce lourd silence qui pesait comme un interdit, Cléa avait conservé quelques photos de son père qu'elle regardait autrefois en secret. Façades réjouies de la passion amoureuse de son père et de sa mère, façades en ruines au sortir de leurs disputes, façade effondrée de sa mère triste, de son père subitement disparu « mort à la guerre » et dont on ne devait plus parler « sous peine de mort », avait pensé la petite fille, toutes dessinaient le paysage de ses interrogations d'enfant. Si elles continuaient de provoquer des insomnies, des angoisses intenses et de si douloureuses crises de jalousie, c'est que Cléa-l'affamée, face à des événements restés pour elle incompréhensibles, avait fait taire et bâillonné en elle ses légitimes inquiétudes. De la même façon, la jalousie ne la mettait-elle pas « hors d'elle », lui rappelant combien elle était « affamée » de paroles et de liens ?

Condamnée à rester « à l'extérieur » de la vie de ses parents auxquels elle était encore liée de toutes ses fibres, elle devait à la fois « scier la branche » sur laquelle elle était assise (son père mort) et continuer à aimer l'arbre qui la portait (son père et sa mère). Ce que l'on attendait d'elle relevait d'une exigence impossible à satisfaire. L'enfant regarde ce qui se donne à voir (les façades), mais il est aussi à l'affût de ce qui ne se dit pas ou seulement à demi-mot (ce qui se cache derrières celles-ci). L'image du chien longeant les ruines, affamé de mots, évoque ces perceptions imparfaitement déchiffrées. Le « visage-façade » de son amant, associé à ses messages ambigus, avait ressuscité toutes ses interrogations sans réponses. L'usage fortuit du futur antérieur avait rappelé les messages contradictoires qu'elle avait reçus : voir et ne rien voir, savoir et faire semblant de rien, être présente et ne pas être là. Sa jalousie la maintenait dans une même situation de suspens.

Sa mère s'était repliée dans un silence hostile, et la petite fille avait été privée de ce temps et de cet espace de partage qu'est un deuil ; sa douleur était restée « réelle » et non symbolisée. Coupée et retranchée du monde extérieur derrière sa « façade » ruinée et muette, cette mère avait laissé sa fille « errante » au-dehors d'elle. Aussi, sans avoir pu faire sien un mouvement de parole qui aurait situé son père mort dans le désir de sa mère, ni connaître l'élan qui la portait vers lui, celle-ci n'avait-elle pas pu explorer la réalité de ses émois. De sorte qu'elle attendait de son amant qu'il lui donne accès à cette part d'elle-même, ce qui rendait le terrain particulièrement « sensible » : les moindres écarts de vocabulaire, dans ces conditions, pouvaient ouvrir un gouffre. Sa jalousie la conduisait à imaginer une femme à laquelle son amant s'adresserait quand il l'aurait oubliée. La rivale lui volait une féminité en attente d'être authentifiée. Y songer la torturait.

« Affamée » des paroles dont sa mère l'avait privée, elle était en suspens entre ses deux parents, entre une féminité active ou passive, entre la langue de l'enfance et celle de l'adulte.

Sa jalousie témoignait d'une séparation impossible entre l'amour et l'angoisse. Elle oscillait entre le désir d'être aimée et reconnue comme une femme, d'une part, et la terreur, d'autre part, que son élan amoureux ne soit démasqué. Son indissoluble jalousie exprimait avec insistance quelque chose qui devait rester indicible et secret.

Derrière le masque de carnaval

Une construction d'hypothèses échafaudée par un psychanalyste n'est pertinente que si elle fait revivre à la mémoire de son patient des bribes de souvenirs qui aident à combler les omissions que les divers refoulements, censures, forclusions ou dénis ont opérées. Une psychanalyse redonne force et vie à toutes les traces et significations d'événements vécus mais restés figés tels quels dans le psychisme. Ils demeurent alors sous forme d'énigmes dangereuses. Alors que l'historien cherche par un travail sur les archives à rendre la parole aux morts afin de les ressusciter, le psychanalyste va, lui, dans l'espace du transfert, à la recherche des souvenirs enfouis et gelés dans les mots du patient pour les « réactiver ».

Cléa répondit à mes hypothèses par un rêve.

« Un homme que je croise dans la rue porte un masque de carnaval, comme on les portait à Venise, dur, petit, étroit, fermé. Une sorte de rostre effrayant. On me dit que c'est un pape de la Renaissance. Je dois faire l'amour avec lui. J'ai l'impression d'être un bébé alors que, dans le rêve, je suis adulte ; j'éprouve une excitation sexuelle intense et bizarrement sans plaisir. »

Le pape (« *il papa* » en italien) porte un masque dur et inquiétant. Les « façades » de la précédente rêverie se dessinent ici avec plus de précision : un « rostre » effrayant y défigure le visage d'un « papa », laissant penser que l'enfant avait dû capter une expression indéchiffrable sur le visage de son père. En ranimant des images angoissantes jusqu'alors indicibles, le rêve ramène à la mémoire cette figure effrayante, masque de carnaval, fermé et incompréhensible. Quant au mot « renaissance », il lui rappelait la nouveauté du lien amoureux. Tous ces éléments du rêve – le personnage inquiétant, son visage fermé, la jouissance sexuelle (qui rappelle la lumière « luisante » des façades) – nous plongeaient dans un temps du passé traumatique où semblaient se mêler et se confondre terreur et jouissance. L'indicible secret avait enfin trouvé des mots et des images ; partagé avec son analyste, il cessait d'être si dangereux.

Cléa craignait d'apercevoir dans le visage de son père un sentiment inacceptable : quelque chose de « fermé » et de « dur » comme le masque du « pape de la Renaissance » de son rêve. Probablement, un tel visage avait signifié aux yeux de l'enfant châtiment, punition et abandon. La phrase de son amant, « tu ne sauras jamais combien je t'aurai aimée », sortait, à son insu, de la bouche d'un même visage « dur ». Visage de sa terreur, il ravivait l'ancienne énigme qui l'avait désorientée. Au moment où la mort l'avait enlevé à elle, son père était un appui essentiel pour limiter l'aspiration de l'enfant dans la spirale de l'effondrement maternel. Elle lui vouait un amour sans réserve, devenu inacceptable aux yeux de sa mère. Un élan de vie de l'enfant, s'il est frappé par un interdit, se transforme en épouvante et en angoisse. Face à une telle haine ressentie à l'égard de son amour pour son père qui se confondait avec le désir de vivre, Cléa ne s'était-elle pas sentie coupable d'éprouver un tel élan ? La jalousie et la culpabilité s'associèrent ensuite pour détruire ses liens amoureux, révélant combien l'effroi d'aimer « un homme » était à leur principe. Le travail de l'analyse lève ce genre d'interdit en déjouant la terreur qu'il recèle, il ouvre à nouveau l'espace du désir de vivre, et en cela toute analyse est aussi une « renaissance ».

Pour le père de Cléa, la naissance de sa fille représentait aussi une « renaissance » à ce moment précis de la vie du couple et du monde. Oui, son père aussi avait été malheureux, *comme* elle et non pas *à cause* d'elle. Elle comprit que, pour son père et sa mère, sa naissance avait été une protestation de vie au sein du danger de la guerre à l'orée de laquelle elle était née. Sa jalousie répondait donc à un appel beaucoup plus ancien que la phrase de son amant. Ses passions amoureuses réveillaient toujours à un moment ou à un autre, sans qu'elle le comprît, bruits de guerres, fracas des interdits d'aimer, bombardements et confusion des sentiments, mais aussi force du désir de vivre. L'appel de la jalousie embrouille certes les mémoires, mais elle nous met également au contact des forces inconscientes de l'enfance qui veulent s'arracher à l'incommunicable.

De son père, elle ne pouvait faire le deuil tant qu'il n'avait pas repris une place « vivante », dans des mots qui l'arrachaient au silence où sa mère l'avait enfoui. Les façades luisantes ne devaient-elles pas leur attrait désespérant au fait de lui rappeler combien, en un temps heureux, les visages reluisaient de bonheur avant de tomber en ruine ? La perte à laquelle sa jalousie faisait écran avait une dimension nostalgique.

Les sables mouvants du souvenir

Les crises de rage, provoquées par les trahisons réelles ou supposées de ses amants, tentaient de dessiner durablement les contours de l'amour de son père pour elle et d'elle pour son père. Or le sable de la jalousie n'inscrit rien ; les traces y disparaissent. La terreur efface également de la mémoire ce dont on souffre. Cléa avait oublié jusqu'au souvenir du visage paternel. Sa jalousie était à la fois un interdit de penser le lien d'amour en son lieu et l'appel à arracher ce lien précieux à sa gangue d'interdits.

À l'issue de sa jalousie, l'immense amour qu'elle avait autrefois éprouvé pouvait désormais renaître, sans plus d'angoisse, enfin détaché des visages scrutés dans la réalité de sa vie amoureuse. Jusqu'alors, chacune de ses rencontres lui signifiait au moindre hypothétique retrait de ses partenaires (quelqu'en fût la raison) à la fois l'abandon et l'interdit de s'en plaindre.

Sa jalousie était une douleur ravageuse qui détruisait ses liens amoureux, mais aussi le rappel d'une peine d'amour perdue qui n'avait pas eu droit de cité. L'issue de la jalousie vint de la possibilité de se voir restituer le droit d'aimer un père, un homme, mais aussi bien elle-même en « amoureuse ». Ce ne fut possible qu'en comprenant les raisons qui lui imposaient un tel interdit. L'amour pour son père avait été banni par l'interdit supposé ou réel de sa mère, et par le silence imposé sur lui ; tout cela avait conduit Cléa à être amputée d'une dimension essentielle de son identité féminine.

L'ambivalence ne rend donc pas véritablement compte de l'incessant va-et-vient du jaloux entre l'amour et l'angoisse, entre l'élan amoureux et la fureur à l'idée d'être trahi. Cet affût permanent n'est pas un signe d'amour, si bien que l'on a pu croire que jaloux et jalouses étaient plus hostiles qu'amoureux. Il ne sont d'ailleurs pas exempts d'hostilité à l'égard de ceux auxquels ils adressent un permanent procès d'intention. L'oscillation angoissée du jaloux entre l'amour et la destructivité qui le déborde est d'une autre nature. Un jaloux ou une jalouse reproche, en effet, à son amant(e) de ne pas parvenir à le réparer en satisfaisant son attente d'être aimé, et surtout en reconnaissant l'élan désirant qui le fonde ; sa véritable plainte concerne donc, plus profondément, l'impossible rappel à la mémoire d'un amour banni de son enfance. La demande du jaloux, exclu de son passé, est impossible à combler.

Ne demande-t-il pas à ses amours de faire le travail d'un psychanalyste ? Et ne demande-t-il pas à un psychanalyste de lui permettre de rejoindre ce pays de l'enfance d'où il ne serait pas exclu ? Dans la jalousie, c'est un interdit d'aimer, au sens où l'enfance aime de façon intransigeante, totale et libertaire, qu'on cherche à expulser hors de soi.

Nous aimons contre la mort, pour la vaincre, pour oublier que nous sommes mortels et en même temps nous ne savons que trop combien nos attachements amoureux peuvent à chaque instant se rompre. Nous sommes donc rappelés par eux à la vie et exposés davantage encore à l'angoisse de notre finitude en les perdant. Quand quelqu'un s'approchait, par ses mots ou par ses représentations inconscientes, d'une constellation de traces évoquant la mort ou la perte amoureuse (savoir qui ne pouvait se dire sous peine de rencontrer des interdits majeurs), l'angoisse mobilisée chez Cléa dépassait tout ce que l'inquiétude amoureuse normale pouvait légitimer. La jalousie faisait alors écran à cette faille intime, elle servait de scène au lien amoureux, elle en était l'abîme aussi.

Cléa redécouvrit un espace de liberté contre sa jalousie le jour où elle comprit que son excitation passionnelle était un pâle reflet de l'intense attention qu'elle avait reçue et dont il lui fallait, sur injonction maternelle, oublier jusqu'à la trace. Elle reconquit le droit d'aimer « à la fureur » sans sombrer dans une angoisse mortelle au moindre écart de grammaire. Elle se mit alors à aimer (à tort ou à raison) toutes sortes d'autres conjugaisons…

CHAPITRE II

La fêlure du narcissisme

Fabien souffre. Celle qu'il a quittée s'est consolée avec un autre homme ; il vient de l'apprendre. Alors qu'il passait voir à l'improviste son ancienne maîtresse au retour d'un voyage, il entend une voix inconnue à travers la porte, la voix d'un homme. À cet instant, il se fige. Plus tard, après avoir guetté son amante, il parviendra à apercevoir son rival. Quand je le revois, je suis frappée par le changement de sa posture. Il flotte, égaré. Son regard n'est plus le même. Il se sent absent, dit-il, à tout ce qui l'entoure. Il ne songe plus qu'à une seule chose : reconquérir la femme aimée. Il ne comprend plus qu'il l'ait quittée. L'aime-t-il encore ? Est-ce l'apparition d'un autre homme à l'horizon de sa belle qui suscite le renouveau de son amour en même temps que l'éveil de sa jalousie, comme par une équivalence entre les deux ?

Il me reproche de lui suggérer une telle possibilité (ce que je me garde pourtant bien de faire) et de ne pas l'avoir empêché de quitter cette femme. Inutile de lui rappeler qu'il affirmait, il y a peu, ne plus être amoureux. Il serait tout aussi cruel de souligner qu'il a décidé seul du jour qui mettrait fin à leur liaison. Par ailleurs, ne m'avait-il pas soutenu, au moment de prendre la décision qui allait à ses yeux s'avérer fatale, qu'un psychanalyste devait s'incliner devant les mystères de l'amour et les intermittences du cœur ?

Fabien me donne l'impression de contempler sa vie comme si elle était celle d'un autre. Il s'absorbe dans la contemplation d'un désastre qu'il est le seul à voir. Il se tourmente durant des séances entières à propos du moment où il va appeler son ancienne maîtresse pour quémander un rendez-vous. Il s'interroge inlassablement pour s'étonner du choix du nouveau partenaire de son amante. Comment est-il possible qu'elle ait choisi un homme aussi laid ? Ne voit-elle pas la différence ? Où sont passés ses serments ? N'avait-elle pas dit son chagrin lors de leur séparation ? Il est sûr, pense-t-il, que son ancienne maîtresse l'aime, il ne peut en être autrement.

La figure méprisée du rival

Il manifeste, penserez-vous, un dépit bien masculin et sa jalousie n'aurait rien que de très normal. Son amour-propre serait blessé, la belle n'ayant pas nourri un éternel regret à son égard. Mais, ici, il ne s'agit pas seulement d'amour-propre. Quand un homme désire une femme, les autres hommes semblent la parer d'un attrait mystérieux qui nourrit leur rivalité ; ils jalousent alors celui qui « possède » cette femme ainsi désirée. Freud[1] y aurait vu la trace du désir infantile de tout garçon : convoiter la femme de son père.

Fabien refuse pourtant l'idée que son amour ait pu ressusciter du seul fait qu'un autre homme désire son ancienne amante délaissée. Sans doute son refus est-il une forme de dénégation et n'a-t-il vraiment réalisé cette perte qu'au moment où un autre a

1. S. Freud, « Contributions à la psychologie de la vie amoureuse », *La Vie sexuelle*, Paris, PUF, 1970, p. 47-80.

pris sa place auprès d'elle. Alors seulement, par sa jalousie à l'égard du rival, il a compris la valeur de sa belle autrefois délaissée. Il est vrai, cependant, que ses pensées ne sont pas guidées par la surestimation de ce concurrent qui aurait, lui, des moyens, dont il serait dépourvu, de « jouir » de son amante. Il est ainsi difficile de rapporter sa jalousie à la simple dispute entre un petit garçon et son père (forcément mieux doté que lui) dans le but de conquérir sa mère. Au-delà d'une bien naturelle hostilité qui attaque la figure de son rival, il est surtout en proie à une profonde perplexité devant l'intérêt que son amante porte à un autre plus « laid » que lui. Sa jalousie éclairerait-elle la rivalité d'un autre jour ?

Jalousie et mépris ne forment pas un ménage habituel, et Fabien n'en était que plus perplexe et dérouté. Les paradoxes de cette jalousie révèlent que la rivalité, installant un espace de comparaison, convient de ce fait au jaloux ; il est bien plus marri quand il n'a aucun domaine commun avec son rival. Fabien, sans point de comparaison avec celui qui suscite le retour de flamme, semble suspendu dans le vide.

L'intensité de son affolement suggère autre chose qu'un simple antagonisme. Il ne peut littéralement plus tenir en place, s'agite sur le divan, et parfois se lève pour marcher en tous sens comme s'il était alors envahi par des pensées ou des angoisses intolérables. Certaines sont très particulières. Il a l'impression qu'il pourrait être « aspiré sous les roues d'une voiture » qui passerait devant lui, tant il se sent « sans poids ». Son corps n'a plus de centre de gravité. Il flotte comme ses pensées. Pas plus que sa vie n'a de sens, son « corps n'a de masse », dit-il. Sur la balance symbolique qui le lie aux autres hommes, il ne pèse rien, pas plus qu'une plume.

« Comment a-t-elle pu me quitter pour ce taré ? », n'hésite-t-il pas à dire, sans que la différence, qu'il estime à son avantage, ne l'apaise. Pour nombre d'auteurs, le jaloux souffrirait seulement d'une blessure d'« amour-propre ». Ici, c'est l'amour de soi, que l'on nomme communément narcissisme, qui semble profondément blessé. Contrairement à beaucoup de femmes jalouses se dépossédant de tous les atours de la féminité en faveur d'une rivale qui, elle, en devient l'emblème, Fabien n'habille pas son rival de traits masculins particulièrement flatteurs. Rabaissé par le choix de son amante, notre jaloux serait atteint dans son image virile, sans que son rival, ce « taré », n'affecte l'estime qu'il conserverait pour lui-même. Sa blessure narcissique, sans doute plus profonde encore, est d'une tout autre nature ; son bouleversement face au choix de son amante laisse penser qu'elle surgit davantage d'un gouffre entre l'image qu'il se fait de son rival et la sienne que d'une simple « comparaison », même à son avantage. Il ne se reconnaît radicalement pas dans l'homme qui lui est préféré. Ce point a rarement été mis en avant.

Le dévoilement d'une faille narcissique

Au principe de la plus folle des jalousies, Freud[1] discernait l'insupportable amour homosexuel pour le rival du même sexe, aimé avant d'être haï, tant ce jaloux aurait voulu, selon lui, se trouver à la place de celle qui est convoitée par un autre. Par ailleurs, la dimension « narcissique » de la souffrance des jaloux, qui redoutent toujours d'être évincés par un « meilleur » qu'eux, a été aussi soulignée par lui dans toutes les jalousies dites « normales ». Si nous réunissons les deux termes de

1. S. Freud, « Sur quelques mécanismes névrotiques dans la jalousie, la paranoïa et l'homosexualité », *Névrose, Psychose et Perversion*, Paris, PUF, 1997.

l'équation, il apparaît que le rival est aimé ou désiré non plus « sexuellement » mais « narcissiquement » ; en accord[1] avec Freud, le jaloux attendrait alors de son rival une reconnaissance « homosexuée ».

Ce que l'on appelle « narcissisme » résulte du support imaginaire et symbolique que l'on a trouvé chez ceux qui nous ont aimés et que l'on aime. Quand il manque, c'est un soutien essentiel à tout sujet qui fait défaut ; seul le sentiment d'une radicale trahison rend compte de ce désespoir. Pour imaginaire qu'elle soit, la défection ressentie alors ne laisse pas d'être profondément douloureuse. La permanence d'un appui fiable a laissé le jaloux chancelant, lui donnant le sentiment d'être trahi par tout le monde, et par ceux qu'il aime en particulier.

Passer sous silence ces éprouvés de « chute » ou d'« aspiration » sous les roues d'une voiture, ou encore de « flottement sans poids », les mettre au compte d'une banale « hystérie » (autre façon d'exprimer une misogynie bien ordinaire, « cet homme n'est qu'une femmelette ! », diraient nos soi-disant prophètes), reviendrait à méconnaître l'importance des sensations d'écroulement narcissique que la jalousie rappelle à la mémoire faute de les situer à leur vraie place. C'est au contraire en leur accordant toute notre attention qu'il devient possible de localiser le lieu d'émergence du traumatisme.

Miroir de lui-même ou repoussoir, le ou la rivale offre au jaloux ou à la jalouse un soutien narcissique contre un effondrement. L'intensité des éprouvés corporels par lesquels les jaloux des deux sexes désignent leur corps abandonné à lui-même sous l'effet d'une angoisse sans nom nous impose de lier la jalousie à

1. Les différentes formes de jalousie s'ordonnent dès lors de façon cohérente selon la façon dont le jaloux parvient à surmonter la blessure d'une confrontation « homo-sexuée » symboliquement défaillante.

un effondrement précoce, sans commune mesure avec un désir sexuel interdit ou refusé.

Ainsi, l'image du semblable sexué, nullement désiré « génitalement », est le dernier rempart contre un écroulement majeur ; mais elle aliène d'autant plus les jaloux des deux sexes qu'ils adressent à leurs rivaux un appel impossible à satisfaire. Nul ne peut, bien évidemment, répondre à l'intense question restée informulée du jaloux : comment vivre en homme ou en femme ? Aussi ce dernier, quand il investit l'image du ou de la rival(e), a-t-il l'illusion d'avoir, à travers lui ou elle, un corps d'emprunt d'homme ou de femme. Reste à connaître les raisons qui l'ont mis dans un tel péril.

À l'orée de l'aliénation

Pour le moment, Fabien passe des heures à surveiller l'entrée de la maison de son ancienne maîtresse, à supputer le sens de ses moindres faits et gestes, à relire ses lettres comme s'il voulait ainsi entrer dans l'intimité inaccessible d'une femme. Il cherche à deviner ce que son ancienne maîtresse pourrait penser et dire, sans y parvenir puisque celle qu'il croit aimer à nouveau lui paraît impénétrable. Elle est devenue une sorte de déesse toute-puissante qui tient sa vie et sa mort entre ses mains. On dirait que son ancienne amante lui est devenue subitement tout à fait étrangère. Il ne sait plus qui elle est. Elle représente l'altérité dans ce que celle-ci a de plus radical. Il ne sait pas et ne veut pas savoir qu'il est seul à la voir ainsi.

Pour le jaloux ou la jalouse, l'aimé(e) est un mystère unique et indéchiffrable. L'amant(e) est d'autant plus proche d'être haï(e) qu'il (elle) s'avère incompréhensible. La jalousie plonge ses racines dans les angoisses des premiers moments de la vie, quand l'accord parfait de l'enfant et de sa mère se rompt, inévitablement. Tout enfant écoute de toutes ses oreilles, de toute sa peau, de tous ses yeux, la mère des premiers soins ; très tôt, celle-ci lui apparaît très belle[1]. Il se sent nimbé et enveloppé de sa beauté. La perception des premières « fausses notes » ouvre sous ses pieds un gouffre d'énigmes redoutables. Cette angoisse a cependant ses vertus ; en le poussant à comprendre les attentes de cette autre, distincte de lui, elle le conduit à se tourner vers l'extérieur, vers le monde. C'est ainsi que nous devenons des chercheurs-nés, des « trouveurs de raisons pour s'en aller ailleurs[2] ».

Mettant le jaloux « hors » de lui-même, « hors » du monde tant il est inaccessible à toute raison, « hors » de son corps tant il est possédé par sa passion, la jalousie nous invite à rechercher comment cet être en devenir s'est aliéné. Car, si cette maladie de l'âme ramène la douleur en son lieu d'émergence, elle s'abuse de confondre le sentiment amoureux qu'elle invoque pour se justifier avec un effroi travesti et méconnu. Un jaloux se sent envahi par la jalousie. Dépossédé de son corps propre, il ne s'appartient plus. Mis hors de lui par sa passion, poussé hors de ses limites, il est exposé à ce qu'une affolante détresse s'empare de son être et se joue de lui. Son inquiétude anxieuse rappelle le suspens où il a été laissé, abandonné. Par sa tentative de tout

1. D. Meltzer et M. Harris Williams, *The Apprehension of Beauty : the Role of Aesthetic Conflict in Development, Science and Art*, Old Ballechin, Strath Tay, Clunie Press for Roland Harris Trust, 1988 ; *L'Appréhension de la beauté. Le rôle du conflit esthétique dans le développement psychique, la violence, l'art*, trad. fr. par David Alcorn, Larmor-Plage, Éditions du Hublot, 2000.

2. Saint-John Perse, « Anabase », chant I, *Œuvres complètes*, Paris, Gallimard, « Bibliothèque de la Pléiade », 1972, p. 94 : « Ô chercheurs, ô trouveurs de raisons pour s'en aller ailleurs. »

contrôler, faisant à la fois les questions et les réponses, il devient imperméable à l'autre tout en se confondant avec lui.

À l'occasion de leurs rares rencontres, Fabien s'accroche à son ancienne maîtresse, trépigne quand il est question de se séparer d'elle, hurle sa douleur. En séance, il ressasse alors douloureusement sa seule grande « erreur » : l'avoir quittée ! Il voudrait changer le cours des événements du passé, comme un film que l'on passe à l'envers. Et si, et si, et si… Ses regrets montrent combien il est enfermé dans la croyance que les pensées, à elles seules, suffiraient à changer ce qui s'est passé. Son univers est totalement déconnecté du réel, il se meut dans un monde imaginaire. Pourtant, l'interprétation ne peut en rester là. Quel chaos d'angoisse et de terreur sous-tend l'univers imaginaire des pensées toutes-puissantes, voilà ce qu'il convient de rechercher.

Les impasses du transfert

Si, pour notre jaloux, sa bien-aimée tient sa vie entre ses mains, s'il est totalement impuissant devant son pouvoir, faisons le pari qu'il y a en ce point une vérité à saisir. Réactivée par la présence d'un autre homme à ses côtés, la toute-puissance de sa maîtresse évoque une figure démesurée qui le réduit à être un objet sans défense. Il imagine chez elle, ou parfois chez le couple qu'elle forme indistinctement avec le rival, une volonté tyrannique de jouir de lui et de le faire souffrir. Des causes de cette volonté despotique et abstraite il ignore tout, ce qui l'inquiète et l'agite encore davantage. On comprendra aisément son affolement : n'est-ce pas la folie elle-même qui se dessine, dans les déchirures de l'amour, sur le visage angoissant de cet

Autre[1] affamé et dévorateur ? Le jaloux ne ment pas sur sa souffrance : il se sent abandonné dans un monde insensé et, s'il répète inlassablement les mêmes choses, c'est parce que seule l'excitation que lui procure sa panique lui donne encore le sentiment d'exister.

Le dialogue que j'entretiens avec Fabien n'échappe pas à cette tyrannie. Mes moindres mots ont le poids d'un verdict angoissant pour moi comme pour lui. Chaque parole prend une importance effrayante, parce qu'à ses yeux, je suis aussi puissante qu'une déesse dispensatrice de vie et de mort. Le transfert, à ces moments-là, devient aussi douloureux pour le psychanalyste que pour le patient. Celui-ci attend de ses séances un miracle : le « retour définitif et durable de l'être aimé », indispensable à sa vie, croit-il. Celui-là cherche, dans l'interstice étroit qui lui reste ouvert, les voies qui permettraient à son patient d'accéder à une douleur qui, n'ayant pas eu de témoin, travaille en silence à mettre en péril la fiabilité de tout lien.

Faute d'avoir été partagée, l'épreuve qu'a subie le jaloux dans sa solitude n'a pas pu devenir une « souffrance » ; elle n'a pas été à proprement parler « vécue », elle reste en suspens, « hors temps ». La figure d'un Autre inaltérable remplit ce vide en prenant les traits impavides du rival ou de l'amante. Il a beau fouiller, scruter, essayer de s'approcher de lui, le jaloux reste exclu de la connaissance de cet autre ainsi idéalisé. Persuadés que les autres l'excluent de leur jardin intime, combien de jaloux ne rêvent-ils pas d'y pénétrer de force, à l'aide d'appareils ou de micros sophistiqués ? Las, nulle intimité ne peut être

1. Écrit avec un grand A, l'Autre représente un support ou, à l'occasion, une personne qui compte pour l'enfant, entraînant le sentiment subjectif d'être reconnu à l'instar de tous les humains parlants, ces parlêtres (sur ce terme, voir plus bas, p. 88). Sa privation est d'autant plus douloureuse que s'y origine le sentiment d'être banni et laid.

être mise au jour autrement que par une délicate écoute. Notre jaloux manifeste une fois de plus combien il est mutilé dans ses capacités à s'identifier à un autre. Le champ de l'analyse est celui d'une expérience vécue à deux, celle du transfert entre l'analyste et son patient ; s'y éprouvent des savoirs, différents certes, mais dont le but est d'entrer en résonance.

Comment trouver la voie de cette douleur en attente de mots, et l'aider à donner plus fortement de la voix ? J'étais à l'affût de la moindre piste.

« *Je suis beau, je suis beau* »

Un jour qu'il me décrit une fois de plus son attente empressée d'un signe d'attention amoureuse émanant de son ancienne maîtresse, je l'invite à me dire toutes les pensées qui le traversent à ce moment précis, mêmes les plus anodines. Pour conjurer le sort qui s'annonçait contraire, il se surprend alors à avoir dit tout haut : « Je suis beau, je suis beau. »

Un enfant se sent laid quand il se sent abandonné, car il est alors rejeté hors de l'enveloppe de beauté qui le relie à sa mère. Enfin émergeaient les traces de ce qui avait manqué si subitement et violemment à Fabien : un regard, celui de sa mère, en l'absence duquel tout petit enfant se trouve démuni. En se parlant tout haut, il s'adressait à l'enfant désespéré en lui. En se disant « Je suis beau, je suis beau », il nous donnait accès à la douleur « laide » dans laquelle il avait sombré. Le récit interrompu d'une histoire absente pouvait s'amorcer. Le rival « si laid », « ce taré », lui ressemblait, en effet, comme un frère. Un frère déchu.

Cet homme semblait se répéter inlassablement à lui-même

« tu es beau » pour se donner du courage au combat. Ce n'était pas un « tu es beau » triomphant, ce n'était plus cette complaisance vis-à-vis de lui-même dont il avait fait preuve si longtemps. Par ces mots, lui suggérai-je, il se redonnait un visage qu'il avait dû perdre quand le regard de sa mère s'était détourné de lui, vraisemblablement à la mort de la sœur de sa mère, survenue quand il avait trois ans. Les deux femmes étaient très liées, quasiment jumelles ; l'accident de voiture qui avait coûté la vie à cette sœur avait été douloureusement ressenti par la jeune mère. Longtemps, elle en avait été « malade », refusant de s'alimenter, à un moment où le père de l'enfant était lui-même absent, en raison de son travail. En suspens, sans lieu, une douleur d'effondrement trouvait enfin place, et les mémoires pouvaient se remettre en mouvement. Dans l'intensité de sa jalousie, ne se sentait-il pas « aspiré sous les roues d'une voiture » comme dans l'accident qui avait coûté la vie à la sœur tellement aimée ? Jamais il n'avait fait le lien.

Fabien est très ému par l'évocation de la « perte de son visage » rattachée au deuil maternel ; les souvenirs affluent. La « maladie » de sa mère en particulier, qui ne pouvait plus se lever ni faire un geste, et qui restait immobile de longues heures avec l'enfant à ses côtés. Figée comme une morte ? Oui, et lui s'agitait, essayait de la réveiller, puis, découragé, s'asseyait sagement à attendre. Par les mots que nous échangions, il retrouvait le droit d'avoir à nouveau un visage. Les paroles restituent un espace à une détresse restée sans nom. Elles permettaient de réinscrire cette sensation d'égarement qu'il avait ressentie face à l'écroulement de sa mère et qui était jusqu'alors restée énigmatique et insaisissable. Sans doute était-ce avec ce même regard tourné vers l'intérieur qu'il m'avait montré le jour de l'éclosion de sa jalousie que cette mère l'avait accueilli au lendemain de la mort de sa sœur.

La tentation de l'anorexie

Effondrement oublié, douleur non partagée, cet événement avait laissé un trou dans le tissu de sa mémoire. La jalousie lui redonnait forme en lui évitant d'être aspiré par lui. Dans l'image de son rival se reflétait sa propre laideur d'abandonné, en écho à la déchirure de l'enveloppe de beauté qui l'avait rendu étranger à lui-même. Notre dialogue lui rendit les mots d'une douleur égarée. La jalousie ne fournit au jaloux qu'un contour sans contenu. Elle déroute celui qui en souffre et l'épuise en de vaines douleurs ; elle ne réussit pas à le détacher de l'indifférence à laquelle il n'a pas les moyens de faire face. D'un « tu es beau » répété à satiété, il conjurait cette mort à lui-même, rencontrée à la fin de son lien amoureux. Par cette invocation, il tentait de faire revivre le temps où sa mère et lui étaient nimbés de cette beauté enveloppante. On peut aisément imaginer que, à un âge si tendre, il ait régressé à un stade où il était en lien encore plus étroit avec elle, allant jusqu'à perdre son « poids » de petit garçon pour vouloir partager l'image immatérielle de la défunte sœur et se retrouver sous les mêmes « roues ».

Questionnée à ce sujet à la suite de la séance, sa mère lui révéla que, plusieurs mois après la mort de sa tante, il avait connu un épisode anorexique assez grave. Nous l'ignorions, lui et moi. Se sentir « sans poids » au moment des scènes de jalousie évoquait ces circonstances où il avait cru devoir ne pas « peser » pour sa mère ; il avait pris soin d'elle au lieu de réclamer, comme il était légitime, qu'elle fasse attention à lui. Rien, face à la défunte, ne pouvait « faire le poids » pour cette dernière. S'abandonnant à une jouissance mortifère, elle rejetait tout désir de vivre sans sa sœur. Appelé à occuper la place impossible d'une morte, l'enfant ne s'appartenait plus. Cherchant à comprendre ces énigmes, il avait pu croire que sa mère ne supportait plus le petit « garçon » en lui. La jalousie ranimait la souffrance d'avoir sacrifié son identité sexuée pour faire « corps » avec sa mère.

Un éprouvé « en suspens » flotte sans pouvoir appartenir à personne. La représentation de ce qui est traumatique fait défaut, et, par suite, toute possibilité d'élaborer une pensée. Quand l'appétence de sens de l'enfant reste inassouvie, l'angoisse s'accroît, laissant comme seule possibilité d'expression de la détresse psychique des ressentis « somatiques » : flotter, être aspiré, ne plus rien peser. « Pour qui tout cela ? », se demande-t-on alors. Où fut cet Autre qui, dans sa défaillance, laissa le sujet sans amarre ?

Le rencontrer dans ce moment de destitution symbolique, faire en sorte qu'il n'y fût plus seul et sans témoin, suffit à son affranchissement. La jalousie ne fut plus le seul recours comme « appel à témoin ». Fabien se saisit de mes mots comme d'une bouée de secours. La scène de son absence à lui-même commença à exister. Une douleur jusqu'alors non vécue avait réintégré son « corps » d'origine, comme on dirait d'un corps d'armée. Il se sentit pour la première fois libéré du poids de la scène actuelle de sa jalousie.

Autisme et jalousie

Faute de pouvoir se séparer de ce qui aliène et résister aux jouissances incestueuses qui empiètent sur sa psyché (faites soit d'intrusion soit de rejet), le futur jaloux les accueille, les érotise et bientôt se perd dans leurs excitations passionnelles. Quand une violente anxiété de l'enfant n'a pas rencontré une réponse suffisante dans l'Autre, cela crée une faille, puisque cette part de lui-même ne peut être ni identifiée ni authentifiée ; elle reste alors douloureusement « en suspens ». En attente de sens, non située, cette flambée pulsionnelle dévaste alors toute possibilité de liaison stable qui permette l'élaboration des limites du corps et de soi. Victime d'une telle décharge d'excitation libre et affolante, le jaloux (sans compter ceux qui écoutent ses antiennes !) se fait littéralement « dévorer ».

Ses désespérants appels adressés à la cantonade étant restés lettre morte, il ne peut trouver d'apaisement ; tout le système pulsionnel s'embrase alors, laissant place à une folle avidité de « contact » avec les « autres » et soi-même. Souvent remarquée chez le jaloux jamais assez affamé de preuves de fidélités ou d'infidélités, une telle avidité tournoie dans le vide et ainsi s'exaspère, avant de refluer en angoisse morcelante et désintégrante.

Nous savons, grâce à l'analyse, que ce petit garçon avait failli chuter dans un monde insensé, il avait failli sortir de son corps par l'anorexie qui le rendait si léger. Plus tard, la jalousie vint révéler le gouffre qu'il avait voulu conjurer en « rompant » avec son amie avant qu'elle ne le quitte. Par sa jalousie, il était tombé dans un autre monde, celui des énamorations irréelles, analogues à l'irréalité des objets fantasmatiques qui abritent les terreurs des enfants autistes.

Son effroi n'ayant rencontré aucun écho, la tragique solitude de l'enfant du repli autistique le conduit à renoncer au lien humain du langage. Il est alors contraint à stimuler sans cesse son corps pour en sentir les limites. Les objets du monde, magiquement investis, assurent aux enfants autistes une continuité d'être irréelle, toute-puissante et folle. Le jaloux, en « aimant » sa jalousie, s'entoure d'une même carapace d'excitation. Il est difficile de l'aider à se détacher de son énamoration, il décourage ses amis les plus endurcis en plongeant toujours dans les mêmes travers. L'irréalité de ses fantasmes excitants et douloureux fait songer au fonctionnement d'un monde quasiment autistique.

La tentation nostalgique du retour

Pour Fabien, les mondes irréels de la jalousie étaient attirants comme l'étaient les roues des voitures vers lesquelles il se sentait « aspiré » quand il était au plus profond de sa détresse. La jalousie survenue dans le cours de son analyse eut au moins le mérite de révéler l'effondrement qu'il avait soigneusement masqué en vivant une fausse vie d'homme sexuellement adulte, s'engageant dans des conquêtes féminines apparemment « sans histoires ». Bientôt pourtant, il fut effrayé de se sentir si détaché de son ancienne maîtresse et voulut retourner à l'état antérieur de sa passion qui, alors qu'elle l'avait occupé douloureusement, l'avait aussi protégé de toute confrontation avec la défaillance de son entourage. Qui n'y fait face ne peut se reconstruire.

Un psychanalyste va à la rencontre de la souffrance de son patient avec sa propre expérience de la douleur, avec les voies qu'il a trouvées pour s'en sortir et avec les souvenirs qu'il garde de la vivacité de ses épreuves. S'il veut cependant véritablement aider ses patients, il doit consentir à lutter contre les forces qui veulent entraîner celui-ci en arrière. Face aux discours où, trépignant presque de rage, il m'annonçait vouloir tout saccager de ses récents acquis et replonger dans l'attente de l'irréelle bien-aimée, je dus mettre en jeu la poursuite de notre travail en commun.

Par un rêve, Fabien manifesta qu'il avait entendu le message. « Je suis sur une autoroute, j'arrive à une bifurcation, sur une voie il y a un péage, on s'y arrête souvent, on peut avoir des accidents ; sur l'autre voie m'attend un véhicule, une sorte de fusée où je reconnais toutes mes peurs représentées par différents objets, elle veut m'emporter dans les airs. » La fusée-excitation-jalousie peut animer de façon illusoire un faux espoir au lieu de construire un véritable désir qui tienne compte des possibles accidents de la route de la vie. Il choisit finalement de ne plus contourner les obstacles et continua sa route sur la voie à péages et haltes forcée, celle de la vie réelle (et de son analyse !). Il put alors rencontrer et construire un lien amoureux qui ne soit plus habité par la seule excitation passionnelle de la jalousie.

Si la jalousie met en scène une douleur, celle-ci n'est pas à proprement parler une répétition. Du fait de la violence d'un effroi, le lieu du souvenir de cette torture a été détruit et ne peut par conséquent pas se répéter. Pour comprendre ces états, il convient de se départir de l'idée que le jaloux possède tout un arsenal de fantasmes et donc d'identifications qui lui aménage une vie possible. Le jaloux nous montre, au contraire, un lieu où il est impossible de vivre, en tant qu'homme, en tant que femme, plus radicalement encore en tant qu'être humain. La jalousie se décline diversement, mais, toujours, en son fond, c'est une figure de l'« impossible » qu'elle dévoile.

CHAPITRE III

L'ordinaire de la jalousie

Si elle m'annonce qu'elle veut être seule trois jours, pense Simon, c'est qu'elle veut partir avec un autre, et qu'elle me le cache. Dès l'annonce de ce désir d'éloignement de la part de la femme qu'il aime, il a déjà échafaudé des plans de surveillance et de rétorsion qui l'affligeront quand il se rendra compte qu'ils étaient sans objet. Il en est presque déçu, se rend-il compte avec stupéfaction. Il aurait préféré qu'elle soit coupable. Il aurait pu alors songer à la châtier avec délices. Ce qui nous étonne et nous décourage souvent à propos de la jalousie, c'est sa faculté de renverser l'amour en hostilité. Parfois, le jaloux ou la jalouse va jusqu'à inventer des plans machiavéliques pour nuire à celle ou à celui qu'il ou elle croit aimer quand il est convaincu de sa trahison. S'agit-il cependant du renversement d'un élan amoureux en son contraire ou des contrecoups d'une fureur dont l'origine est inconnue ?

La mise au supplice de l'aimé

Simon se rendait volontiers odieux[1] à son amante. Dès qu'il était saisi par ses soupçons, il lui téléphonait cent fois par jour,

1. A. Rey (dir.), *Dictionnaire historique de la langue française*, Paris, Le Robert, 1998, article « odieux, odieuse ». Le mot « odieux » dérive du latin *odiosus*, « haïssable » ; le sens du mot « odieux » se retrouve, bien qu'affaibli, dans les qualificatifs « jaloux » et « envieux ».

inventait mille prétextes pour la joindre à son travail. Pour lui, comme pour d'autres, le téléphone portable était une aubaine ! Ainsi avait-il un cordon ombilical de surveillance en temps « réel » des faits et gestes de celle à qui il destinait tous ses soins. Il ne souffrait pas qu'elle vécût un seul instant sans lui. « Je dois être en lien continuel avec elle, affirmait-il, je ne supporte pas de ne pas la joindre quand elle est en réunion ou quand elle ferme son portable pour être hors d'atteinte. » L'élue de son cœur n'avait pas le droit de respirer, d'avoir une pensée à elle ou simplement un peu d'intimité. « Dois-je attendre qu'elle soit morte pour la localiser avec certitude ? Dans ce cas, au moins, j'aurais enfin la conviction qu'elle ne pense pas à un autre ! », rêvait-il tout haut. Bien des jaloux ont de tels vœux de mort à l'égard de leurs amant(e)s et soumettent la fin de leurs tourments à la disparition de l'objet de leurs attentions. Ces souhaits ne sont pas forcément guidés par la haine, ils ignorent simplement que « la jalousie naît toujours avec l'amour, mais ne meurt pas toujours avec lui [1] ». En tout cas, la fréquence de ces vœux [2] démontre à l'envi qu'être aimé par un jaloux ou une jalouse ne va pas sans quelque risque…

Ce qui était « hors » de l'emprise de Simon éveillait en lui, avec une égale fureur, l'« anxiété jalouse des évincés [3] ». Même le passé de la femme aimée lui servait de pièce à conviction pour l'incessant procès en infidélité qu'il lui intentait. Juge et partie, il instruisait constamment à charge ! Le jaloux soupçonne

1. La Rochefoucauld, *Réflexions ou Sentences et maximes morales*, Paris, Classiques Garnier, 1957, p. 114.

2. Nombre de crimes dits « passionnels » ont la jalousie pour mobile et bénéficient curieusement dans ces cas des circonstances « atténuantes » en dehors de toute « folie » avérée du criminel. La clémence du législateur proviendrait-elle de la conviction que le jaloux criminel est davantage mû par l'« amour » que par la haine ?

3. S. Beckett, *Proust*, Paris, Minuit, 1990, p. 31.

toujours plus ou moins ses amant(e)s de lui dissimuler quelque chose, car, à ses yeux, celui ou celle qu'il scrute inlassablement n'a que des pensées « cachées » ; en tout cas, elles sont tournées vers un « ailleurs » lourd de menaces. Rien ne semble apaiser son désir de savoir ce que l'autre ressent, pense, confie. Prêt à laisser libre cours à ses soupçons au moindre prétexte, le jaloux semble trouver quelque plaisir à rassembler les preuves d'une hypothétique infidélité. Il a même une véritable culture de l'aveu qui justifie les tortures infligées par ses inlassables interrogatoires à ceux qui attirent ses empressements. Les jaloux ne sont si insupportables à vivre que parce qu'ils mettent au supplice celui ou celle sur qui ils ont jeté leur dévolu. N'auraient-ils pas un fond « sadique » qui s'exprimerait à cette occasion ?

Sadisme et jalousie

Le jaloux n'interroge évidemment pas son présupposé, « j'ai le droit de te posséder totalement puisque je t'aime », qui n'est pas sans rappeler l'énoncé sadien : « J'ai le droit de jouir de ton corps, peut me dire quiconque, et ce droit, je l'exercerai sans qu'aucune limite ne m'arrête dans le caprice des exactions que j'ai le goût d'y assouvir[1]. » Ainsi notre homme avait-il été confus d'avouer qu'il regrettait que son amante n'eût pas été réellement infidèle de telle sorte qu'il pût lui infliger un « juste » châtiment. Ces réflexions l'avaient heureusement conduit à réfléchir sur sa « contrariété » teintée

1. J. Lacan, « Kant avec Sade », *Écrits*, Paris, Seuil, 1967, p. 768-769. Par ces mots, Lacan a résumé la prétendue légitimité du discours sadien.

de sadisme[1]. L'amant sadien dispose du corps d'un(e) autre comme il userait d'un « bien » mis à la disposition de la communauté. Le désir de possession, propre à la jalousie, est logiquement exclu de la république sadienne. Le cadre élaboré par Sade définit les relations amoureuses selon un mode de réciprocité violent et, à ses yeux, « révolutionnaire », dans lequel toute jalousie relèverait d'un embourgeoisement dépassé. C'est pourquoi Sade condamne dans le désir d'emprise propre à la jalousie l'obstacle qu'il oppose à la libre disposition des corps.

L'homme d'un tel idéal sadien est parvenu à éradiquer la passion[2] et n'est plus troublé par les maladies de l'amour. Or l'inquiétude du jaloux, manifestée par son désir d'emprise, ne se réduit pas à l'aiguillon de l'incertitude amoureuse villipendée par le sadien ; une angoisse plus radicale encore détermine ses emportements.

Alors que l'institution des nouvelles lois « sadiennes » encadre la jouissance du corps des amants comme autant de biens de consommation relevant dès lors d'un « droit », le jaloux, qui, en apparence, a une prétention identique, ne réclame pour sa part que le droit « d'être aimé ». En invoquant la nécessité d'être aimé en retour de façon aussi extrême que celle qu'il affirme éprouver, le jaloux cherche à limiter la terreur que lui inspire l'idée d'un amour « enfant de bohème qui n'a jamais connu de loi », alors que le sadien a considéré que le problème était résolu en niant appartenir à l'ordinaire catégorie humaine, angoissée et désirante.

1. S. de Beauvoir, *Faut-il brûler Sade ?*, Paris, Gallimard, « Idées », 1972. On y lit que dans le sadisme, en effet, « le bourreau déguisé en amant s'enchante de voir l'amoureuse crédule, pâmée de volupté et de reconnaissance, confondre la méchanceté avec la tendresse » (p. 20).

2. *Ibid.* L'amant sadien demeure « si lucide et si cérébral que les discours philosophiques sont pour lui un aphrodisiaque » (p. 32).

Le défenseur d'une philosophie dans le boudoir projette sur un autre (celui qu'il sadise) l'effroi qu'il ne veut pas rencontrer en lui ; il parvient ainsi, un temps, à échapper à l'angoisse qui surgit devant l'absence de réponses toutes faites concernant le désir que nous inspirons à d'autres. Aux yeux de Sade, cette question est absurde. Au contraire du sadien, le jaloux prend le risque de laisser une part d'indétermination au sein des agencements de sens et de signifiants qui organisent l'attirance amoureuse, et ainsi se soumet-il aux lois communes de l'amour et de l'érotisme ; mais c'est de là que naît sa torture. « Que me veut celui dont j'attends tout ? », s'inquiétera dès lors inlassablement le jaloux.

Si le jaloux ou la jalouse est habité par une violence « sadique » quand il s'applique à arracher des aveux ou des preuves de la trahison de son amant(e), il n'en est pas pour autant « sadien ». La comparaison entre les deux permet cependant de mettre en lumière le fait que la violence parfois harassante ou même persécutrice du jaloux se situe à l'intérieur du cadre symbolique du désir amoureux, qu'il ne renie pas, contrairement au sadien. En retour, il veut hurler l'effroyable torture du désir en harcelant celui ou celle qu'il a élu(e) de son inlassable désir d'emprise.

Le désir d'emprise ou l'envers de la jalousie

Peut-on identifier le désir d'emprise que certains tyrans domestiques exercent sur leurs liens amicaux ou amoureux comme autant d'expressions d'une jalousie secrète ? Quand Simon décidait du jour et de l'heure d'une rencontre avec son amante, si par hasard celle-ci n'était pas libre au moment qu'il avait résolu de lui consacrer, il en concevait une profonde amertume. Que son amante n'ait pas été disponible à l'heure dite et il criait à la perfidie.

Son désir d'emprise portait par ailleurs sur des objets si divers que l'on aurait aisément négligé de le relier à sa jalousie. Pourtant, quand il refusait de condescendre à satisfaire le désir érotique de sa compagne au moment où celle-ci le lui « demandait » parce qu'il voulait en avoir « seul l'initiative », n'affirmait-il pas ainsi, certes, qu'il « était un homme, un vrai », mais surtout que le surgissement du désir de son amante « hors de tout contrôle » lui était intolérable ? Ne se montrait-il pas jaloux de l'irréductible spontanéité des élans de sa propre partenaire, périlleuse quand bien même il en était le destinataire ? Toute surprise est pour ces jaloux une source de déplaisir. S'ils n'ont pas entre les mains la possibilité d'en maîtriser le surgissement, le désir provoque leur effroi.

Le travail de l'analyse fit entrevoir à Simon qu'il opposait la même rebuffade à quiconque lui demandait quoi que ce soit, fût-ce d'acheter un paquet de cigarettes. Il se sentait menacé par les désirs imprévus. Ce qu'il ne contrôlait pas totalement l'angoissait. Ce trait caractériel s'éclaire davantage si on le relie à la rivalité jalouse dont il témoigne à l'égard de tout espace de liberté.

Car Simon jalousait sans le savoir la capacité de désir qu'il rencontrait chez ses amis, de telle sorte que certains de ses comportements mirent longtemps à être analysés pour la bonne raison que, n'y voyant pas malice, il évitait d'en parler. Ainsi, quand il était invité à passer quelques jours dans la maison de campagne de tel ou telle, Simon ne pouvait-il quitter l'endroit où il avait été pourtant généreusement accueilli sans emporter, à l'insu de ses hôtes, un objet qui à ses yeux lui appartenait de « droit ». « Rien qu'un petit souvenir ! » disait-il à cette occasion. L'objet en question n'avait rien de précieux, mais il affirmait de cette façon son « droit » de réclamer quelque chose qui lui manquerait. Est-ce de l'envie ? Non, car l'objet comptait peu au regard du plaisir de le dérober. Est-ce de la cleptomanie ordinaire ?

Non, car notre homme n'était nullement intéressé en d'autres occasions par le plaisir de partir avec un objet sans s'acquitter de sa dette.

Simon se sert chez les autres, puisque « c'est son droit », lui dicte consciemment sa jalousie cleptomane, mais, inconsciemment, il jalouse l'impalpable force désirante de ceux qu'il côtoie ; c'est elle qui provoque un tel désir de prédation et non l'objet en lui-même. Dans la mesure où les jaloux de cette sorte manquent tragiquement d'identité qui leur soit propre, ils vivent par procuration et se nourissent du désir de ceux qu'ils jalousent ainsi. Ils s'approprient un objet comme les cannibales dévorent leurs ennemis pour s'attribuer leur force. Ils croient incorporer les qualités de ceux qu'ils jalousent secrètement en un passage à l'acte où vol et dévoration ont la même signification. Simon cherchait chez ses amis un « petit rien, un petit souvenir » ; ainsi croyait-il s'emparer de la part immatérielle, imaginaire, qui constituait à ses yeux l'inestimable « trésor » du lieu. Sa véritable prédation jalouse visait la liberté de désirer.

Lui aurait-on dit qu'il était jaloux de ces amis qu'il l'aurait aussitôt nié. Or l'issue de la jalousie suppose que soit d'abord reconnue l'impulsion de dévorer et de détruire celui que l'on aime ou que l'on déteste.

La vie quotidienne des jalousies

Simon avait un comportement très différent quand sa compagne était triste ou dépendait de lui d'une façon ou d'une autre. Alors seulement son anxiété semblait s'apaiser. « Si elle a besoin de moi, elle ne m'échappe plus », croyait-il. Qu'elle manifeste un quelconque bien-être, et il se devait d'en détruire les causes. Source d'insouciance, toute satisfaction lui paraissait forcément hostile. « Si elle vaque à ses plaisirs, elle est souveraine et m'exclut », redoutait-il à ces moments-là. Pour les jaloux, le domaine de l'autre est une véritable « trahison ». Aussi la jalousie de Simon trouvait-elle un apparent exutoire quand il pouvait se rendre utile ; il retrouvait alors la tranquillité. Non par générosité, mais parce son besoin d'emprise sur son amante était alors satisfait. Serviable, donc, à condition toutefois d'avoir lui-même défini les conditions de son aide.

Ces jaloux méconnus n'apporteront pas le paquet de cigarettes qu'on leur a demandé, mais ils imposeront trois boîtes de cigares ! Lassants, harcelants par rigidité, ils font entrevoir combien la dimension destructive présente dans la jalousie est en réalité l'expression d'une force d'emprise insatiable à l'égard de toute velléité d'autonomie de leurs partenaires, ami(e)s ou amant(e)s.

Nombre d'agressions de la vie quotidienne trouvent leur source dans de telles jalousies occultes. Quand son amante faisait part à Simon d'un intérêt pour telle ou telle chose, il faisait mine de s'y intéresser un moment avant de manifester bientôt un rejet méprisant qui n'avait d'autre objet que de rendre « indésirable » ce qu'elle aimait. Aussi bien pouvait-il, à l'occasion, lui emprunter en toute « inconscience » quelques thèmes ou idées, les revendiquant comme siens, avant de se plaindre des remontrances (légitimes !) de sa compagne à ce sujet. Les exemples sont nombreux de ces « vols » d'idées ou de pensées qui créent de solides inimitiés entre celui qui se sent volé et celui qui n'a aucune conscience de son vol. En une région de lui-même, le « voleur » n'est, en réalité, pas distinct de cet autre qu'il jalouse. En ce sens, imiter l'autre, le voler ou dénigrer ses objets revient toujours au même : par leur désir d'emprise, les jaloux vampirisent l'existence de ceux qu'ils croient aimer.

L'objet de leur jalousie est varié et variable, mais son fond demeure identique : il concerne la liberté du désir, l'autonomie de chacun, la part éminemment secrète de l'intérêt que nous portons aux choses. Parfaits quand leurs amis sont malheureux, ils montrent une franche et incompréhensible aigreur quand ceux-ci semblent aller mieux, et leur violence semble dès lors déconcertante. Lue au travers du prisme de la jalousie, elle cesse de paraître opaque. Simon, plein de sollicitude, avait ainsi accompagné à l'hôpital son meilleur ami, mais, quand il s'aperçut de l'élégance de la garde-robe que celui-ci emportait – de manière à lutter contre le sentiment de déchéance auquel la maladie le destinait –, il s'en étonna avec acrimonie. L'espoir de vivre que son ami manifestait à travers un tel soin lui était intolérable, puisqu'il était hors de son contrôle. Si son ami ne lui « devait » rien, alors il était libre. Les jaloux veulent contrôler l'indépendance du désir et du plaisir de ceux qu'ils côtoient, comme si l'idée de libre arbitre leur était une offense personnelle. On comprend dès lors pourquoi ils sont toujours à l'affût d'une preuve de l'infidélité de l'autre. Enjeu de vie ou de mort, en effet, si le partenaire parvient à s'échapper vers sa propre existence au lieu d'être à leur service !

Ce désir d'emprise sur un autre, l'aimé ou le rival (parfois identiquement scruté), engendre une insatiable avidité. S'agirait-il d'un simple excès de passion qui, à l'instar de tout sentiment amoureux, surestime celui ou celle qui est aimé, ami(e)s ou amant(e)s, et veut s'approprier ses signifiants pour les porter à plus d'incandescence ?

L'angoisse du bernard-l'ermite

Simon donnait le sentiment de vouloir véritablement « incorporer » son amante en surveillant de près toutes ses prétendues velléités de lui échapper. Dès qu'un élément inattendu surgissait (ne pas la joindre à l'heure dite), le dispositif de maîtrise se révélait insuffisant à contenir l'angoisse sous-jacente ; il devait relancer son harcèlement pour tenter de retrouver le contrôle des événements et annuler le déséquilibre engendré par la surprise. La rage le débordait quand son désir d'emprise était tenu en échec. Face à la défaite de sa mainmise, il éructait, furieux, prêt à détruire ses liens plutôt que d'endurer plus longtemps un tel affront. Son aversion de l'altérité lui servait à se défendre contre un trouble bien plus profond.

Notre jaloux est-il furieux à l'égard de ce qui serait « autre » que lui ? N'aimerait-il pas davantage l'« étranger » que le nouveau-né grimaçant devant des visages inconnus ? L'hostilité dont témoigne notre jaloux vient de l'insatisfaction de son désir d'emprise, par lequel son « moi » s'exprime. « D'ailleurs, ai-je seulement un "moi" dans lequel vivre ? », ajouterait notre jaloux, s'il était lucide. En effet, la peur que suscite l'inconnu chez le nouveau-né n'est pas identique à la fureur qui s'exprime chaque fois que Simon, ou tout autre jaloux, perçoit que son amant(e) lui échappe. Le « moi » incertain d'un jaloux n'est pas comparable à celui d'un « petit » d'homme en train de constituer le sien ; en revanche, son « moi » vacille dans ses positions subjectives sous l'effet d'une attaque qui l'a destitué. Dès lors, notre jaloux, ne sachant plus qui il est, ni où il est, vit dans et par les autres, qu'il jalouse de façon masquée, en véritable parasite de leur désir et de leurs limites. Aussi se voudra-t-il « tout contre » celui qu'il aime, refusant d'être séparé de lui ne fût-ce que par une pensée.

Par conséquent, si le jaloux n'est pas sans évoquer l'enfant angoissé refusant de quitter les basques de sa mère, c'est plutôt son identité subjective fragmentée qu'il abrite dans les jupes d'un ou d'une autre.

Un aspect essentiel de la jalousie se révèle alors, que l'on retrouve aussi bien chez ceux qui affichent leur jalousie que chez ceux qui la masquent, autant chez les adultes que chez les enfants, chez les amis que chez les amants. Nulle jalousie qui ne replonge le sujet dans une région aux frontières incertaines, conduisant à ce type d'existence « parasite » qui survit aux dépens de la dimension désirante d'un autre. À certains moments, faute de constituer pour lui-même des limites où il pourrait vivre, Simon fuyait vers l'être de son amante comme afin de trouver refuge dans la place forte du « moi » de celle-ci et s'y entourer de murs solides. Hélas, on ne peut jamais être véritablement à l'abri dans des limites volées à un autre, et Simon de s'affoler chaque fois que son amante le quittait pour voyager sur les terres inconnues de son désir. Aussi suspectait-il, par projection, n'importe quel rival de lui dérober son asile. La volonté d'emprise est l'envers d'une fuite dans une fausse « santé » dont l'amant ou l'amante est la béquille, toujours défaillante.

Dès lors, faute de savoir qui il est, le jaloux veut ne faire qu'un avec l'objet de sa passion. Il refuse de se différencier de celui ou de celle à qui il semble avoir confié plus que sa vie. Dans ces conditions, ses reproches se déplacent et s'égarent. Il réclame de sa (son) partenaire une fidélité totale, à la mesure de son manque à être, mais il n'est bien sûr jamais assez satisfait. À l'affût de la moindre différence entre lui et celui ou celle qu'il aime, il a tôt fait de crier à la trahison.

Un tel parasitage évoque une impossibilité de vivre dans sa propre identité d'homme ou de femme et soumet l'hostilité du jaloux à un nécessaire réexamen. À l'égard de ses amants ou amantes, le jaloux ou la jalouse n'est pas partagé entre l'amour et la haine par l'effet d'une ambivalence[1]. Derrière le désir de prédation propre à la jalousie se révèlent les limites incertaines dans lesquelles vivent les jaloux. Leur désir d'emprise est à la mesure de leurs incertitudes. C'est l'intrinsèque autonomie du désir qui constitue en vérité l'unique rivale de tout jaloux, condamné à entrer en conflit avec les plaisirs, les joies et même les stratégies de consolation de celui ou celle qu'il contemple, dépité. Mais la destructivité que suscite cette forme de jalousie relève en même temps d'une stratégie de maîtrise et de survie catastrophique.

Trahison

Pour un jaloux, le jeu amoureux n'a en effet qu'une seule et inéluctable issue : l'aimé le trahira, cette défaite est « écrite » de toute éternité. Ainsi son besoin de contrôler son propre destin se satisfait-il de dénoncer *par avance* l'échec de n'importe quel lien, comme pour conjurer par là l'insoutenable tragédie de l'amour. Sa rage surgit du désespoir et du découragement devant le non-sens auquel il condamne ses plus précieuses attaches. Pour lui, il n'y a pas de garantie de la parole donnée ; le jaloux n'a confiance en rien. Simon, sans être un fou, ne s'affolait-il pas « comme un fou », à l'avance, de la trahison de son amante ? Ne vacillait-il pas dans ses certitudes quand, à l'occasion du moindre

1. L'ambivalence est liée à la diminution de l'idéalisation de nos premiers objets et fait place à une relation plus élaborée où les défauts de l'un(e) ne détruisent pas ses qualités.

imprévu, il ne savait plus où localiser celle qui, par cette soudaine liberté, ne lui semblait plus si acquise ?

Si l'on a souvent moqué les jaloux, c'est qu'il est aisé de susciter leur inquiétude. Une interrogation murmurée à son oreille, un soupçon suggéré, et notre jaloux de se précipiter dans un univers de suppositions qui conduisent toutes à une même conclusion : la trahison. Proie facile, le jaloux est dupe d'un théâtre d'illusions[1]. Faute de consentir à ce que l'intime de l'autre lui échappe en partie, il est voué à s'en croire dépossédé par un rival. Pas plus qu'il ne sait vivre dans ses propres limites, le jaloux ne semble supporter celles que lui impose la reconnaissance de ce qui n'est pas lui (il en va de même des limites que lui impose le désir des autres). La dimension d'emprise à l'œuvre dans la jalousie enseigne que le désir de devenir un individu singulier a subi un point d'arrêt pour une raison inconnue. « M'aime-t-il (elle) ou aime-t-il (elle) quelqu'un d'autre plus que moi ? », s'interroge sans fin le jaloux. « Est-il (elle) tout à moi ou tout à un(e) autre ? », poursuit-il inlassablement, face à l'effondrement de repères où il puisse vivre.

C'est ce point d'arrêt, quelle qu'en soit la conséquence (division, fragmentation, morcellement, effondrement), qui est enregistré par le jaloux comme une trahison. Dans ce lieu de perte d'identité, il y a une « perte d'être », qui engendre une confusion entre l'amour et la haine, car la confusion protège d'avoir à connaître la vraie nature de la trahison.

1. W. Shakespeare, *Othello*, *Œuvres complètes*, *Tragédies II*, Paris, Robert Laffont, « Bouquins », 1995. Dans cette tragédie de la jalousie et du leurre, Iago, qui a instillé le poison de la jalousie au prince maure Othello, met en place à l'acte IV un théâtre de la tromperie où s'emboîtent et se répondent sous nos yeux différentes scènes. Chacun y joue son rôle et un autre en même temps à son insu, à l'infini. Les preuves que le regard et les perceptions d'Othello accumulent sont autant de fausses réalités, vis-à-vis desquelles il n'a aucun recul et donc aucune autre scène que celle que nous avons sous les yeux.

Le jaloux doute, soupçonne, mais jamais ne parvient à trancher de manière définitive. Il souffre de ne pas savoir distinguer la réalité d'une trahison effective d'une simple *fiction* née de ses angoisses. S'il ne parvient pas à s'orienter dans les messages contradictoires qu'il a reçus, c'est néanmoins la solution à ses inquiétudes qu'il traque sans relâche dans les fantasme de trahison qu'il forge. Hélas, cette quête inlassable et désespérée le détourne en même temps d'une véritable confrontation avec les réalités qui l'aliènent. Son improductive violence se mue en destructivité. Le jaloux ne parvient ni à aimer ni à haïr vraiment. L'oscillation entre l'amour qu'il éprouve et le désir d'emprise qu'il manifeste est dès lors figée et indéfiniment traumatique.

Cette oscillation traumatique se retrouve toujours dans la jalousie, indice de l'impossibilité de trancher entre le caractère effectif ou non de la trahison au sujet de laquelle le jaloux accable de soupçons celui ou celle qu'il aime. Il n'est dès lors pas étonnant que la jalousie se dévoile de façon fulgurante à la mort d'un parent, au moment de l'ouverture des testaments. Pourquoi l'autre a-t-il plus que moi ? Est-ce que j'aurais été moins aimé ? s'étonne-t-on de penser avec amertume, perdu dans une incertitude douloureuse. On se découvre alors une âme mesquine et pleine de haine, on hésite à croire ce que l'on a sous les yeux, on vacille dans ses certitudes, on oscille sans fin. La jalousie parfois ravageuse qui s'exprime chez ceux qui subissent les comptes non soldés des générations précédentes impose de revenir « sur les lieux du crime ». Avoir le courage d'affronter ce que certains n'ont pas pu, pas su, ou pas voulu affronter de leur vivant, pour cesser d'être pris par eux en otage, n'est-ce pas ce à quoi la jalousie nous invite, afin de mettre un terme à ces successions sans issue ?

À la fin de la jalousie, un élan d'amour semble libéré de la gangue de destructivité qui l'enfermait. Cependant, il ne suffit pas de dénoncer la violence de leur désir d'emprise pour que cesse l'anxiété des jaloux. Il convient de comprendre comment s'est figée, dans un suspens, une réaction d'oscillation « normale » consécutive à la défaite momentanée d'une identité. Le jaloux aurait-il oublié que la plus grande preuve d'amour que l'on puisse donner à ses ancêtres est d'avoir le courage d'affronter leurs limites et ne pas s'interdire de les penser ? En étant fidèle à ce combat, à l'issue de ses jalousies, il pourrait s'écrier que la haine du plaisir, la haine de l'inconnu, la haine du désir ne passeraient plus par lui… enfin !

CHAPITRE IV

Embarquée dans le masochisme

En termes de marine, une barque est dite « jalouse » quand elle s'agite beaucoup. Clara, elle, ne tenait pas en place. Ses bras et ses jambes fendaient l'air par saccades sans jamais trouver le repos. Âgée d'une trentaine d'années, chercheuse scientifique de son état, l'air passablement paumée, belle et enfantine à la fois, elle parlait à toute vitesse. Rester assise devant moi semblait un effort surhumain. Selon ses dires, sa vie n'avait été qu'un long échec, professionnel et sentimental, et ses précédentes psychanalyses aussi. Malgré ses diplômes, elle se maintenait dans une grande précarité sociale, affective et financière. Ses relations amoureuses avaient été précoces, rares et malheureuses.

La dernière les résumait toutes : elle attendait, en se refusant à tout autre lien, un homme qui semblait lui manifester beaucoup d'indifférence et qu'elle voyait très rarement. Cette relation, quasi inexistante, se poursuivait depuis plusieurs années sans qu'elle parvînt à s'en défaire. Elle lui reprochait vivement d'entretenir des rapports avec d'autres femmes, et se disait « obsédée » par le soi-disant désir de cet homme de la rendre jalouse.

Avec difficulté, car elle en parlait avec une volubilité qui pouvait faire croire à une passion réciproque intense, je parvins à saisir que le lien avec cet homme avait brièvement existé par le passé, mais qu'il était à présent très distendu. Cette relation semblait inventée par elle dans le seul dessein de susciter une souffrance alimentée par sa jalousie, illustrant, malgré elle, la théorie très convenue d'un masochisme féminin. Les descriptions du masochisme féminin, en effet, associent avec une sorte d'évidence souffrance morale et destin de la femme[1]. Ainsi dit-on qu'il est dans le « destin » d'une femme d'attendre indéfiniment « à l'intérieur » du foyer un homme « volage », lui aussi par nature, d'autant plus jalousé qu'il est occupé et attiré par le monde extérieur. Une telle femme se croit sans visage et se consume « intérieurement » à jalouser d'autres femmes inconnues d'elle mais dotées de pouvoirs érotiques qu'elle n'aurait pas. Les « autres » femmes seraient remarquables et attirantes, elle non. Le masochisme dit « féminin[2] » (appelé aussi « moral ») se conjugue ainsi à une représentation tout aussi conventionnelle de la jalousie.

Clara mettait beaucoup d'ardeur à se rendre malheureuse, et portait à la perfection l'uniforme bariolé de cette prétendue propension féminine à se faire le bourreau de soi-même. Quand je lui demandais ce qui lui plaisait chez son amant, elle ne parvenait pas à en dire des choses très claires. Lors des séparations, elle ne pouvait s'arracher à lui, le poursuivait d'appels téléphoniques, l'accusait de la tromper, hurlait sa jalousie. Dans ces moments, elle se conduisait, disait-elle, comme une « harpie », et se détestait d'agir de la sorte. Au moins, sa jalousie n'étant cette fois ni « contenue », ni « intérieure », ni réduite au silence,

1. S. Freud, « Le problème économique du masochisme », *Névrose, Psychose et Perversion*, *op. cit.*, p. 289 : « Mais revenons au masochisme. Il se présente à nous sous trois formes : comme mode de l'excitation sexuelle, comme expression de l'être de la femme et comme norme du comportement dans l'existence (*behaviour*). »

2. J. Lacan, *Le Séminaire, livre X. L'angoisse*, *op. cit.*, p. 222 : « Il faut poser en principe que le masochisme féminin est un fantasme masculin. »

avait-elle pu prendre conscience du fait qu'elle n'aimait pas se montrer sous cet angle. Mais elle n'était pas capable de contenir ces comportements humiliants qui redoublaient l'exaspération et le dédain de son ancien amant. Elle voulait que je l'aide à en finir avec cette jalousie.

Retrouver les clés de chez soi

La première année de son analyse fut dominée par le récit de ses rapports avec cet homme. Elle arrivait à ses séances échevelée, se tordait de rage sur le divan, souvent en pleurs, jamais apaisée. Toute à sa fureur de constater combien cet homme la dédaignait pour d'autres, elle refusait la moindre élaboration ou association susceptible, selon elle, de l'en distraire. Je sentais son excitation monter au cours de la séance. Quand celle-ci atteignait son paroxysme, Clara me demandait de l'aider à obtenir « simplement ce que toutes les femmes ont », sans autre précision. Sa colère était à son comble et elle proclamait : « Je le veux, et c'est tout ! », avant d'ajouter d'un air menaçant : « Je vais sortir d'ici sans rien ! » Ce qu'elle réclamait ? Je n'en savais rien. Elle semblait croire que mes autres patients avaient obtenu de moi quelque chose qu'elle-même ne recevait pas. Je me sentais alors impuissante à l'aider. Par ailleurs, elle passait le plus clair de son temps à fomenter des plans machiavéliques destinés à déconsidérer son ancien amant et, ainsi, à se venger. Ou bien elle se plaignait amèrement et gémissait durant la séance : ayant l'habitude d'abandonner son appartement, elle se trouvait fréquemment dans la situation de se faire voler par les uns ou les autres les objets et les biens auxquels elle tenait, ce dont elle n'arrivait pas à se remettre.

Débordée par ses passages à l'acte, j'entrepris de me laisser guider par ce que je ressentais en sa présence. Ses séances étaient envahies par ce qui se passait à « l'extérieur », notre espace commun n'existait pas à ses yeux. Je me sentais niée. Je lui suggérai alors que son « intérieur » était à l'image de son appartement : elle ne faisait rien pour le protéger et préserver son « intimité », puisque tout le monde se croyait autorisé à y pénétrer à son gré. Pour la première fois, j'eus l'impression qu'elle m'écoutait réellement. Elle prit conscience du fait que son comportement avait un sens et qu'elle avait par conséquent des moyens d'agir afin de cesser d'être une éternelle victime. Elle était étonnée. Ainsi, elle « avait une intimité » ? « Bien à elle » ? « Inviolable » ? Pendant un temps elle fut partagée entre la surprise ravie de m'entendre prononcer ce mot et la volonté de me prouver que l'intimité, « ce n'était pas pour elle ».

Elle commença cependant à protéger le lieu où elle vivait. S'autorisant à fermer la porte à ses relations lointaines, elle leur interdit de venir chez elle à n'importe quelle heure. La qualité de sa présence auprès de moi changea. Dès lors, il lui fut possible d'envisager avec moi l'ambivalence de son comportement d'éternelle victime.

Mes interventions avaient contré en elle l'injonction à se laisser dévaster. Pourquoi y était-elle soumise ? Freud a appelé « surmoi » cette force qui, selon lui, traite le moi de façon masochiste. Lacan, de son côté, a montré comment ce surmoi intimait au sujet un ordre impossible : « Jouis ! », le conduisant d'échec en échec, tant l'obéissance à un tel commandement est affolante. Cherchant à renouveler sans cesse l'excitation douloureuse de sa jalousie, Clara montrait que sa soumission à ces jouissances la conduisait à une impasse.

L'espace de sa maison, exposé à toutes les injures, désignait l'endroit ravagé où Clara vivait. Son appartement était une métaphore d'elle-même : un non-lieu. Elle avouait une défaite et lançait un appel « à témoin ». Quel aurait été l'impact d'une accusation de complicité avec ce qui la faisait souffrir ? Lui soutenant qu'elle avait droit, elle aussi, à une « intimité », je lui permettais de réinvestir un intérieur féminin jusqu'alors ouvert à tous vents. Le jour où elle décida de fermer sa porte, elle dressa enfin une barrière effective contre la jouissance dévastatrice de n'être rien. Si elle avait pu clôturer son espace d'intimité, elle attestait ainsi qu'il avait pris une certaine valeur pour elle ; il n'était plus « rien ». Mes remarques s'adressaient en réalité à son corps de femme, que représentait son appartement ; elles l'avaient autorisée à ce que ce non-lieu devienne un véritable lieu.

Cela ne changeait pourtant rien à sa relation avec son ancien amant. « Je lutte pour ne pas penser à lui continuellement, mais je ne peux m'empêcher de l'imaginer vouloir se débarrasser de moi pour être avec une autre, et alors j'ai envie de me précipiter vers lui. Je suis vraiment une droguée de jalousie. » Il était tout à fait inutile de lui montrer la dimension imaginaire de ce lien. C'est précisément ce qui le rendait inattaquable. Elle se serait battue contre moi bec et ongles pour protéger le pouvoir qu'elle voulait accorder à son amant. Elle avait besoin de l'excitation de sa jalousie comme d'un fer rouge qui ravivait la plaie de sa souffrance.

La tunique empoisonnée de la jalousie

Femme amoureuse ? Sans doute. Mais femme aliénée, surtout, par une image masculine écrasante. Supposé ne manquer de rien, son amant provoquait chez elle un sentiment d'inutilité et de jalousie. Cette toute-puissance inhumaine, inventée par ses soins, l'attirait à la manière d'une image effrayante et excitante à la fois. Elle était une « droguée » de jalousie, capable de cultiver son propre opium en quantité illimitée ! À quelle fin s'infligeait-elle une violence à elle-même ? Pour en garder la maîtrise comme le suggère Lacan[1] ? Clara ne tenait pas d'autre discours que la description incessamment renouvelée des « excès » où sa jalousie la conduisait. Elle semblait enlisée dans un présent douloureux et humiliant, sans cesse recommencé.

En suivant les traces de Freud[2], on aurait pu comparer le comportement de cette patiente à celui de Dostoïevski : l'écrivain jouait, ruinait sa famille, puis revenait honteux et plein d'accusations qu'il se portait à lui-même. Freud pensait que cette recherche d'humiliation satisfaisait le masochiste et lui permettait de recommencer tout à son aise, sans fin. Il n'était pas loin de voir dans les humiliations que s'infligeait Dostoïevski une feinte punition destinée à excuser tous les crimes passés et à venir. N'aurait-il pas pensé que Clara, tel Dostoïevski, usait de sa jalousie comme d'une « drogue » violente et destructrice à laquelle elle n'aurait voulu renoncer sous aucun prétexte ? Ne m'aurait-il pas convaincue qu'elle ne m'adressait une fausse contrition qu'afin de pouvoir s'enferrer toujours davantage dans cette fuite en avant, rendant ainsi inutiles mes efforts ? Satisfaisait-elle de cette manière un besoin de punition qui lui procurait par ailleurs une excitation intense ? En une sorte de sadisme[3] retourné contre elle-même, elle semblait

1. J. Lacan, *Le Séminaire, livre XI. Les quatre concepts fondamentaux de la psychanalyse*, Paris, Seuil, 1973 [« Points Essais », 1990], p. 167 : « le masochisme [...] est la violence que le sujet se fait à des fins de maîtrise, à lui-même ».

2. S. Freud, « Dostoïevski et le parricide », *Résultats, Idées, Problèmes II*, Paris, PUF, 1985, p. 161-180.

3. *Ibid.*, p. 163.

réduire à néant toute tentative de s'affranchir de ce qui la faisait souffrir.

Plutôt que de croire qu'elle se plaignait de ses « prouesses » masochistes dans le seul but de mieux les poursuivre, par une sorte de défi secret qu'elle m'aurait adressé, je pris le parti de penser qu'elle se réfugiait dans la maltraitance comme on se relierait dans une seconde « peau ». Peut-être est-ce le souvenir de sa difficulté à se séparer de son ancien amant qui me fit recourir à cette image. En effet, au moment de le quitter, lors de leurs rares rencontres, on lui « ôtait la peau », disait-elle. « On a la même enveloppe et on la déchire », ajoutait-elle. Au plus fort de ses crises de jalousie, elle souffrait de tout son être, comme une « écorchée vive ». Elle revêtait également dans ces situations un « comportement de harpie » (où elle était si « mal dans sa peau ») comme on le ferait d'un déguisement, une « peau d'âne » malodorante et répulsive qui l'assurait d'être rejetée à tous coups.

Elle trouvait dans l'excitation de sa jalousie un lieu où vivre (une peau d'emprunt), mais une peau douloureuse. Lors des rencontres avec son amant, elle avait l'impression qu'ils étaient unis dans une peau commune ou, plus exactement (car en réalité elle s'ennuyait beaucoup avec lui quand ils se rencontraient), au moment des séparations, elle se sentait envahie par la sensation qu'on lui arrachait cette enveloppe qui les protégeait, qu'elle se « déchirait ». D'une certaine façon, sa jalousie, réveillant une souffrance, lui offrait ainsi une solution à l'horreur de n'être rien. « Plutôt une peau douloureuse que le rien », semblait lui proposer sa jalousie, tandis que l'aversion qu'elle suscitait chez son amant et ses comportements masochistes lui offraient l'oubli d'elle-même dans une peau « abjecte ».

Le fantasme qu'ont certains masochistes de former une seule peau avec leur mère a déjà été souligné[1] par de nombreux auteurs, mais ceux-ci attribuent ce besoin à la succession chaotique de contacts physiques excessifs ou, au contraire, trop pauvres qu'une telle mère aurait eus avec son enfant. Faute de pouvoir organiser ces contacts en une barrière qui régulerait les excès de plaisir et de déplaisir, les masochistes érigeraient leur souffrance interne en une sorte de « seconde » peau.

Or les rapports qui se nouent entre une mère et son enfant impliquent des contacts physiques, mais aussi langagiers et émotifs. Par cette rencontre, l'enfant se forge une image[2] érogène de son corps. Son « enveloppe » est donc autant une peau réelle, une peau caressée par les mots et la proximité avec un autre corps, qu'une peau-frontière entre l'enfant et les émois conscients et inconscients de sa mère. Si Clara trouvait refuge dans la seconde peau malodorante et répulsive de ses comportements masochistes, l'excitation de sa jalousie la ramenait à une souffrance primordiale : la déchirure de l'enveloppe forgée par l'attention (ou plutôt, ici, les défaillances) de sa mère concernant son corps, son être et son devenir. C'est à ce désespoir déchirant, concernant la place que l'enfant occupe dans le dispositif inconscient de sa mère, qu'il convient de remonter si l'on veut que cesse cette régression vers l'oubli de soi que sont les comportements masochistes. Ces derniers pointent du doigt la blessure de l'enveloppe entre la mère et son enfant, mais ils n'en donnent pas pour autant la clé.

1. D. Anzieu, *Le Moi-Peau*, Paris, Dunod, 1986, p. 40. « La souffrance masochiste s'explique d'abord par des alternances brusques, répétées, et quasi traumatiques, avant la marche, le stade du miroir et la parole, de stimulations et de privation du contact physique avec la mère. »

2. F. Dolto, *L'Image inconsciente du corps*, Paris, Seuil, 1984, p. 36 : « Les mots qui permettent de penser ont été à l'origine des mots qui ont accompagné des images du corps au contact avec le corps d'autrui. »

La manière dont Clara s'échauffait et s'enivrait de fureur et de rage en s'accrochant à son amant était sa façon de lutter contre une menace. Elle donnait le sentiment de ne pouvoir se sentir exister que dans ces moments d'excitation jalouse. Tout le reste lui devenait alors indifférent.

Fidèle au pire

Enfin, un jour, une brèche s'ouvre dans le mur de ses lamentations. Exceptionnellement, l'homme qu'elle « haime » s'est montré aimable. Malgré cela, elle s'est adonnée, sans raison, à l'une de ces crises de jalousie dont elle a le secret. La « scène » a rebuté et éloigné à nouveau son amant. Elle s'en accuse, tout en trépignant de rage et de colère contre lui. Je lui dis, un peu excédée : « Mais enfin, comment voulez-vous qu'il vous traite ? Quand il se montre aimable et plein de sollicitude, ça ne va pas ! Par contre, s'il vous rejette, alors là, ça vous exalte vraiment ! » Et j'ajoutai : « Qui est cette figure repoussante qu'en dépit de tout vous cherchez toujours à retrouver ? » Elle concéda : « Quand j'étais avec lui, j'ai pensé à mon père, à la haine que j'ai pour lui. Ma mère lui est restée très attachée malgré tout ce qu'il lui a fait. Moi, certainement pas. On dirait qu'un *fil* la tient accrochée à lui. Je ne veux pas être comme ma mère. Être "*fille d'elle*" me fait horreur. Ce n'est pas parce qu'elle est ma mère que je dois garder le *fil* ! » Je repris alors : « Vous ne voulez pas être condamnée à lui être *fidèle* contre vous-même ? » Elle reprit : « Non, oh non ! Elle acceptait tout de mon père, elle le laissait m'examiner sous toutes les coutures sous prétexte qu'il est médecin ! »

De fil en aiguille, j'appris que cette mère avait été complice de la jouissance incestueuse de ce « père » qui s'autorisait, avec l'aval de sa femme, à pénétrer l'intimité de sa fille. Je comprenais mieux pourquoi elle avait fait de son appartement, comme de son corps, un « non-lieu ». Ainsi, elle annulait par avance la souffrance d'être dépossédée de toute intimité. La peau d'âne « odieuse » et repoussante cachait cette absence à elle-même. Elle la faisait éternellement « fille d'elle », sous le coup d'une malédiction qui lui échappait. Sa mère, écrasée, ne lui donnait à voir et à entendre aucune présence féminine active.

Sa violence à l'égard des comportements intrusifs et insultants de son père était encombrée par une « solidarité à mort », disait-elle, à l'égard de sa mère. Elle ne parvenait pas à haïr la violence incestueuse de son père pour elle-même, sans le secours de sa mère. « Fille d'elle » avant tout, elle croyait devoir aider celle-ci coûte que coûte, allant jusqu'à méconnaître son droit de faire le tri dans ce qu'elle en recevait. La rage douloureuse dont elle s'enveloppait masquait l'absence d'une féminité active et libre ; elle se retrouvait enfermée dans la prison de la passivité de cette mère elle-même « victime », qui l'abandonnait, sans protection, à la jouissance infantile, voyeuse et sadique, de son mari. Dans la mesure où cette femme ne consentait pas à se séparer *pour* sa fille de sa jouissance à être un objet de mépris, elle enfermait celle-ci dans une position de soumission à la violence « masculine ».

L'analyse, en lui permettant d'affirmer pour la première fois « non, je ne veux pas être fille d'elle », permit une séparation entre elle et le « pire » de sa mère, auquel elle demeurait « fidèle » malgré elle. Clara offrait sa « peau » à sa mère (et au couple uni dans une haine réciproque et sourde) pour la protéger. Ce faisant, elle paralysait sa propre violence, nécessaire pour se détacher d'elle et construire sa propre existence.

Cette révélation intime permit à Clara de sauter le pas. Elle consentit alors à cesser d'être « solidaire à mort » de sa mère pour préférer être « solidaire de la vie ». Par la même occasion, elle se détacha du regard que son père, imbu de mépris, portait sur sa mère. S'ils ne s'aimaient pas, découvre-t-elle, « c'était leur affaire ! ». Rien ne l'obligeait à « garder un fil » qui la contraignait à marcher « en équilibre », toujours dans l'attente d'une chute qui l'entraînerait au fond du gouffre. Elle se décida à cesser de « faire l'imbécile » pour protéger les hommes qui la maltraitaient. Ses comportements masochistes disparurent. Sa jalousie à leur service aussi.

« Faire l'imbécile », c'était faire la fille « maso », toujours soumise à la volonté forcément intraitable d'un homme. Parodie de la séduction qui convoque et appelle une femme à se déposséder d'elle-même pour amener un homme à la désirer. La souffrance de sa jalousie avait pour but de maintenir une fiction : les hommes *ont* tout et les femmes rien, les hommes *sont* tout et les femmes rien. Le masochisme de sa mère s'y trouvait confirmé. Pour qu'un champ d'expérience commun puisse être partagé avec sa fille, il aurait fallu que sa mère accepte ce qui lui incombait : contrer cette jouissance de n'être rien dans laquelle elle s'abîmait. La jalousie de Clara masquait l'impossible séparation d'avec un tel destin sans issue.

Pour sortir de cette jouissance masochiste, qu'elle m'attribuait en tant que femme comme à sa mère, il avait fallu passer par une première étape : comprendre qu'un espace d'échange était détruit par l'irritation passionnelle de sa jalousie et le défendre. La seconde étape s'était avérée plus décisive encore : retrouver le plaisir de créer avec moi un terrain de partage.

Les territoires inhabités de la féminité

Clara voulait « ce que toutes les femmes ont ». Elle se sentait dépossédée de cette mystérieuse « qualité féminine » qu'elle me demandait de lui donner. Sa jalousie la conduisait à vouloir arracher à toute « autre » femme, y compris son analyste, un « quelque chose » qui lui était imaginairement dû. N'ayant reçu de sa mère que des énigmes angoissantes ou effrayantes concernant le sens de son appartenance à un sexe plutôt qu'à un autre, il ne lui restait plus qu'à quémander ce « quelque chose » auprès d'un homme.

Ce n'est pas seulement en tant que personne ou en tant qu'enfant que Clara avait été atteinte, mais en tant que femme. Elle avait dû rester le prolongement passif de sa mère, le réceptacle de la haine qui liait ses parents en la mettant sur le fil du rasoir. La façon dont sa mère avait « laissé passage » à la jouissance infantile du père de sa fille, sans respect pour son intimité, avait pris le sens d'une mise à mort symbolique d'elle-même et de sa féminité. Elle l'avait vécue comme une trahison abyssale. Par là, sa mère l'entraînait dans le même désastre que le sien. Est-ce à dire que le masochisme maternel s'était transmis, tel quel, directement à sa fille ? Non. Sa mère n'avait pas érigé de barrière susceptible de faire obstacle à la jouissance infantile de son mari. D'une certaine façon, elle avait ainsi renoncé à une fonction éthique féminine, ce regard « lucide[1] » sur l'infantile

1. P. Bourdieu, *La Domination masculine*, Paris, Seuil, « Liber », 1998, « Points Essais », 2002. L'auteur rend hommage, à travers V. Woolf, à l'« évocation lucide du regard féminin, lui-même spécialement lucide sur cette sorte d'effort désespéré, et assez pathétique dans son inconscience triomphante, que tout homme doit faire pour être à la hauteur de son idée enfantine de l'homme » (p. 98-99).

masculin qui fait partie des valeurs symboliques qu'une mère assume et transmet ; démission qui a des effets différents selon que l'on est d'un sexe ou de l'autre.

Pour une fille, le renoncement de sa mère à mettre des limites à la jouissance infantile de son père (ou de celui qui en tient lieu) prend la signification d'un abandon symbolique ; ainsi est-elle laissée sans protection face au pouvoir absolu de cette figure archaïque et infantile du petit « roi » sous la forme de laquelle lui apparaît dès lors le pouvoir masculin. Par sa soumission, une telle mère semble garder pour elle toute seule les autres vertus du masculin et ne transmettre que le « pire ». Niée dans son être, sans identification possible avec une semblable sexuée, éprouvant au contraire combien ce lien comporte de dangers, notre jalouse se trouve exposée à adopter la voie masochiste qui *montre et met en évidence*, plutôt qu'elle ne *lutte contre*, la violence intrusive de l'infantile masculin.

Le seul rempart contre celle-ci consiste à feindre de vouloir endosser cette peau méprisée de soumission et de souffrance, en adoptant des comportements masochistes. En lieu et place de l'enveloppe désirante maternelle, s'avance une peau empoisonnée et empoisonnante, véritable tunique de Nessus[1] dont la jalouse Déjanire enveloppa son infidèle mari, Héraclès, qui en mourut. L'hostilité jalouse que Clara vouait à un homme inaccessible était un moyen d'exprimer cette dépossession, et non sa fin. En s'alliant de toutes ses forces, dans de telles conditions, à sa

1. P. Grimal, *Dictionnaire de la mythologie grecque et romaine*, Paris, PUF, 1969, p. 118. Lorsque Héraclès tomba amoureux d'Iole, Déjanire, jalouse, désirant réveiller son amour, lui envoya la tunique d'un centaure autrefois tué par lui. La tunique était empoisonnée et, dès qu'elle toucha la peau, une « brulûre dévorante déchira peu à peu le corps du héros, qui, ne pouvant résister à la souffrance, se brûla sur le mont Oeta ». Désespérée, Déjanire se tua. La brûlure de la jalousie de Déjanire n'est-elle pas figurée par la tunique qui irrite la peau et qui consume celui qui en pâtit ?

mère, elle paraissait d'autant plus habitée par une passion à se soumettre à une volonté « autre[1] » que la sienne, totalement abstraite, opportunément devenue celle d'un amant volage.

Elle donnait sa vie en pâture pour mieux disperser sa douleur d'avoir été livrée à des parents occupés seulement à se dévaluer en usant de leur fille comme d'un réceptacle pour y déverser leur jouissance. Sa jalousie nous rappelle sa souffrance, elle nous crie combien sa peau mortifiée en est « irritée » et « écorchée ». En réalité, sous la peau de velours des collusions collectives qui la désignent comme « masochiste », c'est une « reconnaissance » qu'elle cherche avec ardeur.

Indifférence et violence

L'absence de projet ou l'indifférence des parents à son égard est vécue par l'enfant comme une haine de son devenir. Se trompe-t-il vraiment ? Il me semble qu'en cette matière l'enfant a raison. Ce désengagement des adultes n'est que la forme « convenable » de la haine. Traversant les générations, vendetta ou vindicte, celle-ci a des effets d'autant plus menaçants qu'elle semble sans objet. En réalité, cette haine a bien un objet, mais celui-ci demeure impalpable, étrange et inimaginable ; il concerne la part d'insubordination du désir de vivre, qui s'incarne à chaque génération comme un nouvel espoir. La haine a pour but de le brider. Elle s'exerce tous azimuts et concerne garçons et filles indistinctement.

1. J. Lacan, *Le Séminaire, livre XI. Les quatre concepts fondamentaux de la psychanalyse*, *op. cit.*, p. 168 : « C'est pour autant que le sujet se fait l'objet d'une volonté autre, que non seulement se clôt, mais se constitue la pulsion sado-masochique. »

La place d'une mère dans cet enjeu de violence symbolique à l'encontre du désir est essentiel pour les garçons et davantage encore pour les filles. En effet, une fille s'aime d'abord comme fille dans les yeux de sa mère, et elle aime en sa mère la façon dont celle-ci réalise sa féminité (auprès des hommes) tandis que, dans le même temps, elle doit se séparer d'elle pour assumer sa propre vie. La question de ce qui est « commun » entre elle et sa mère est central pour son économie féminine. Elle est d'autant plus sensible à toutes les stratégies désirantes par lesquelles sa mère lutte contre la dévaluation du féminin ou se soumet à cette jouissance meurtrière. Soumission ou insoumission, lutte ou renoncement, masochisme féminin ou invention de stratégies de plaisir et de sublimation, ces choix l'amèneront soit à la contrainte d'endosser la jouissance de n'être « rien » pour croire en alléger sa mère, soit à un espace de partage qui réinvente les conditions de l'« être féminin ».

Quand une mère ne parvient pas à limiter l'infantile masculin qui opère sous les traits de la loi patriarcale, elle renforce la solitude de son enfant (garçon ou fille) face à l'énigme qu'est pour chacun l'appropriation d'un destin sexué qui, en ce qui concerne l'être parlant, n'est pas « écrit » de toute éternité. S'ajoute à cela l'indifférence ou la haine à l'égard du devenir homme ou femme qu'un enfant est amené parfois à rencontrer dans les enjeux inconscients de ceux qui l'ont mis au monde.

En se déguisant en « harpie », Clara, doublement seule face au « rien », continuait à protéger sa mère et son père ; elle localisait dans sa propre vie une haine qui les concernait eux, puisqu'elle s'offrait en victime expiatoire à tous ceux qui voulaient bien la maltraiter. Elle leur montrait (mais ils étaient aveugles) la vacuité de leur lien en s'employant à faire le vide dans sa propre vie. Le masochisme féminin (mais ne peut-il pas tout aussi bien être masculin dans les mêmes conditions ?) masque à ce compte une lutte héroïque pour neutraliser la haine qui vise toute nouvelle chance du désir.

Irréaliser la douleur de n'être rien

Alors que l'excitation de la souffrance jalouse de Clara tentait d'animer en vain un lieu d'identité féminine mortifié, tant par sa mère que par son père, ses comportements de « harpie » avaient pour but de rendre irréelle sa souffrance de n'être « rien », écho à la forme subtile d'indifférence qui lui était adressée. En troquant la douleur de n'être rien pour celle de la jalousie, gagnait-elle au change ? D'une certaine façon, oui. Les êtres parlants, ces « parlêtres[1] » que nous sommes, ont en effet la possibilité de vivre leurs impasses en les projetant dans une autre réalité que celle où ils vivent. Ils « irréalisent » ainsi leur mal-être, autre façon de le nier. Tandis que la douleur de n'être rien était rendue irréelle par les comportements masochistes, au moins la jalousie la rappelait-elle sur une scène plus « réelle ».

Irréaliser une douleur, c'est s'en évader. Ce procédé appartient à tout être humain. Différente de la dénégation, qui nie purement et simplement le conflit, l'irréalisation est un processus qui le fait échapper ailleurs, le rendant insaisissable. « Non, je ne souffre pas, je n'ai jamais souffert, je ne souffrirai jamais », assure celui qui se défend de son supplice en le déniant. La réalité d'une torture est de la même façon refusée par le procédé d'irréalisation, mais elle est « jouée » dans une autre réalité, ce

1. Forgé par Lacan, le mot « parlêtre » signifie que l'homme étant un animal parlant, il est de ce fait doté d'un inconscient. Cf. Y. Pélissier, M. Bénabou, D. de Liège, L. Cornaz, *789 Néologismes de Jacques Lacan*, Paris, EPEL, 2002.

qui a pu laisser croire que le masochisme était une pure et simple « théâtralisation[1] » d'une agression. L'irréalisation de la souffrance d'être nié (dans un devenir d'homme ou de femme) fournit le ressort qui articule la violence d'une telle haine, reçue de plein fouet, à l'impossibilité de l'affronter, faute d'appuis symboliques adéquats. Dans cette optique, la jalousie pourrait bien être un cri, né d'une souffrance qui aurait dû rester en un « perpétuel ailleurs [2] ».

Ainsi, Clara était agitée de comportements masochistes qui, à la fois, niaient et dénonçaient à quel point elle manquait de moyens pour comprendre l'énigme du désir de ses parents à son égard et ce qui les liait entre eux. L'irréalisation, solution à un conflit identificatoire intolérable, se présente comme sa négation « agie ». Les comportements dits « masochistes » par lesquels elle se faisait rejeter mimaient ainsi le rejet douloureux qui la blessait, tandis qu'il s'exprimait dans toute sa crudité au sein de ses crises de jalousie. La haine qui tenait ses parents ensemble lui destinait la place d'une moins que « rien », condition du maintien de cet équilibre. Quand, grâce à son analyse, elle consentit à faire un pas pour elle-même, le couple de ses parents se défit presque aussitôt. Sa jalousie, par l'excitation qu'elle suscitait, conservait son angoisse de n'être rien « en suspens » ; par cette irritation passionnelle (qui lui offrait comme une peau et un

1. N.-C. Mathieu, *L'Anatomie politique. Catégorisations et idéologies du sexe*, Paris, Indigo/Côté femmes, 1991, p. 224, note 39. Le concept d'irréalisation permet de rechercher les stratégies grâce auxquelles on peut « réaliser » une agression autrement qu'au moyen d'autres souffrances, mieux que celui de « théâtralisation d'un *vécu réel de l'agression* », qui voue le masochiste à se contenter d'illustrer la violence qui lui est faite.

2. J.-P. Sartre, *L'Imaginaire*, Paris, Gallimard, « Folio essais », 1986. Pour Sartre, l'irréalisation, c'est comme « boire de l'eau de mer pour apaiser la soif. [...] Je ne dénie pas ma soif. Je prends quelque chose qui *ressemble* à l'eau, je bois, mais une eau *irréelle* qui n'apaise pas la soif ». L'irréalisation est une « façon de *jouer* l'assouvissement » (p. 240).

semblant d'identité), elle tentait de donner chair à ce que l'« irréalisation » lui permettait en même temps de fuir et d'éviter. C'est ce mouvement « double » et contradictoire qui rendait son analyse si difficile.

Elle ne voulait pas se séparer du destin féminin en impasse de sa mère. Cette stratégie d'« irréalisation » bâillonne en effet l'agressivité nécessaire pour se détacher de liens qui entravent le devenir. Celle-ci subsiste donc sous la forme d'une « pseudo-haine », fixée, comme celle qui agitait Clara à l'égard de son père et qui ne permet pas de se construire. Ainsi déplacée, l'agressivité demeurait sans rapport avec la réalité, retirant toute efficacité à ses actions. Cette défense crée dans le sujet une absence à lui-même ; il doit chercher comment s'y rendre présent. Les comportements masochistes imprégnés de jalousie visaient de fait à retrouver de « vrais » sentiments et sensations. Dans l'ivresse de sa passion et de sa rage, elle criait et gesticulait pour que surgisse une douleur jamais véritablement vécue et qui puisse venir habiter son corps.

Localiser une haine errante qui circule entre des parents et irréaliser sa douleur d'être oublié se conjuguent pour faire de cette stratégie une impasse totale de la jalousie. « Ce qui m'a donné confiance en vous, m'a-t-elle dit plus tard, c'est que je ne parvenais pas à vous séduire ; alors je pouvais y aller, je savais que vous alliez y survivre ! » Avoir accès à la colère ou à une haine passagère est nécessaire pour se séparer des fantômes qui nous terrorisent. En constatant que je survivais à sa colère inconsciente, masquée par ses comportements d'éternelle victime, sa propre violence, nécessaire pour lutter, eut enfin droit de cité. La crainte de voir sa mère s'effondrer davantage encore si elle s'affranchissait de son destin féminin en impasse s'éloigna.

Se séparer de terreurs destructrices, constituer un espace où elles peuvent se « tenir » un moment et les symboliser sont donc une seule et même chose. En lui montrant que son comportement passionnellement jaloux avait pour but de rendre réelle une douleur de n'être rien, mais sans y parvenir vraiment, puisqu'il substituait une douleur à une autre, l'analyse put l'aider à la rapporter en son véritable lieu.

S'il veut aller à la rencontre de ces « sans domicile fixe », le psychanalyste est conduit à imaginer ces lieux où nul ne peut se sentir véritablement exister. Imaginer, c'est se déplacer, voyager chez l'autre. Le présent où ces patients nous appellent à les rencontrer est aussi un lieu dont nous explorons la géographie. L'espace du présent nous montre les failles des symbolisations passées ; ce genre d'analyse fait de l'analyste un cartographe, un explorateur de terres inconnues, qui doit souvent voyager sur une barque « jalouse ». Et qui n'est jamais certain d'arriver à bon port.

CHAPITRE V

Frères et sœurs

Les territoires psychiques que la jalousie révèle au grand jour ne sont ni simples, ni délimités, ni définitivement constitués. Nul n'est à l'abri, à un moment ou à un autre, d'en éprouver les troubles. Il est toujours possible, à l'occasion, de chavirer de l'amour à la haine, oublieux de nous-mêmes, dans une confusion entre soi et l'autre. Le jaloux oscille ainsi, égaré entre l'amour et la destruction de ses liens, incapable de trancher puisqu'il ne sait plus qui il est. C'est un semblable qu'il questionne sans cesse en se torturant : « qu'est-ce qu'il ou elle a de plus que moi ? », interroge tout jaloux dans son for intérieur. L'affrontement avec un(e) rival(e) prend alors tout son sens : il produit une brutale déflagration qui fait voler en éclats des assises précaires.

Toute jalousie a une vocation nostalgique : retrouver une cohésion un moment perdue ; mais elle en masque le ressort. Dans un lien fraternel, il y a de la rivalité, certes, mais aussi un appui d'identité sur un semblable à soi dont témoignent ceux qui ont perdu très jeunes qui un frère, qui une sœur. Dans une fratrie, le deuil d'un aîné ou d'un cadet proche de soi par l'âge est terrifiant en ce qu'il révèle la précarité de l'existence et semble montrer que les parents sont impuissants à protéger leurs enfants de la mort. De plus, c'est un double de soi qui disparaît.

Le lien entre frères et sœurs est ainsi constitutif des identifications dont nous avons besoin pour avancer dans l'existence ; et, si nous n'avons pas de fratrie, nous en constituons une à travers le choix d'amis du même âge ou de la même génération. Aussi les adolescents s'affrontent-ils plus volontiers à l'autorité, à leur famille (qui passe au second plan) ou à d'autres groupes de jeunes, à condition de constituer une « bande de copains » où l'on s'imite et se reconnaît. De même, les progrès moteurs parfois spectaculaires des tout-petits quand ils sont mis en présence d'autres enfants plus dégourdis qu'eux témoigne du fait que la présence de congénères de leur âge est nécessaire au développement des processus imitatifs [1] prévalents dans la première enfance.

Si la jalousie entre frères et sœurs éclaire les ressorts essentiels de la jalousie, voire, pour certains, son « origine », c'est à condition de la voir comme un signe, celui d'une vacillation de soi-même et de ses repères. La jalousie révèle l'angoisse inhérente au fait d'être délogé d'une place que l'on croyait acquise ; elle dévoile une faille dans les repères symboliques qui ramène l'individu aux fragiles limites de lui-même. Une telle supposition remet en question les causes habituellement invoquées à l'origine de la jalousie adulte : celle-ci n'est pas la simple répétition d'une jalousie infantile, mais la conséquence d'un trauma précoce, sans doute pour une part inévitable, mais dont les effets se font encore douloureusement entendre à l'âge adulte. En suivant l'hypothèse selon laquelle la source de la jalousie est une violente confrontation avec un autre que soi en même temps semblable à soi, la jalousie entre frères et sœurs présente l'intérêt majeur de mettre en lumière une vulnérabilité qui, toujours, en chacun, menace de s'éveiller.

L'enfant qui n'a pas encore construit une identité solide doute plus aisément que l'adulte de ce qu'il est comme de ce qu'il

1. E. Gaddini, « De l'imitation », *L'Imitation*, Paris, PUF, « Le fil rouge », 2001, p. 43-64, p. 57.

représente pour les autres. Il expose à ciel ouvert la faille des repères symboliques dont se nourrit la jalousie, et cela d'autant plus qu'il ne parle pas encore. Le langage permet de s'entendre penser, de prendre de la distance par rapport à soi et de se regarder de l'extérieur. L'enfant qui parle est plus solide quant à ses acquis, décollé de l'image qu'il donne, plus à même de se rappeler à lui-même. Le langage autorise à ce titre une issue plus facile à la jalousie.

Mais, quoi qu'il en soit, un temps de travail psychique est toujours nécessaire afin de se reconquérir ; et l'enfant très petit ne possède pas encore une réserve très fournie d'expériences affectives ni de réalisations qui l'assurent d'être actif et acteur de sa vie. Telle jeune femme, lors de ses crises de jalousie, eut besoin de se répéter à plusieurs reprises la liste de toutes ses réussites et de ce qu'elle possédait pour pouvoir se sentir à nouveau exister à la fin de l'inventaire ! Cette récapitulation lui redonnait un visage et un corps dont sa jalousie la dépossédait. Plus un projet d'existence vivant est solidement ancré, plus ce temps de rappel à soi est court et moins l'oscillation de la jalousie a de chances de se fixer en un trauma sans issue. Plus nos limites ont été élaborées sur de faux liens et des positions masculines et féminines fallacieuses, plus nous sommes voués à nous perdre en elle. La jalousie, comme une radiographie, révèle en effet l'absence de fondations sur laquelle achoppe la construction de l'identité.

Est-il si étonnant, dès lors, que les descriptions canoniques de la jalousie se soient concentrées sur le petit enfant qui contemple amèrement l'arrivée d'un nouveau venu dans la famille ? L'enfant y manifeste alors ouvertement ce que voilent les enjeux amoureux de la jalousie des adultes : l'indistinction passagère (mais vertigineuse) entre soi et un autre, la porosité des refoulements, les vacillations catastrophiques de l'être.

Jalousie à l'égard du plus petit que soi

Arrêtons-nous un moment sur la description de la jalousie de l'enfant encore presque bébé, en tout cas très petit, qui ne sait pas encore parler[1] et qui, fasciné par l'image d'un autre enfant à qui sa mère donne le sein, en blêmit de rage. De ce premier choc avec un rival dérivent toutes les autres secousses de la jalousie. Que les doutes du jaloux s'insinuent lentement ou s'abattent sur lui avec la soudaineté d'un coup de tonnerre, l'entrée en scène de la jalousie dessine toujours un avant et un après : « rien n'est plus jamais comme avant », disent jaloux et jalouses, et le jour de leur sérénité perdue reste à jamais marqué d'une pierre blanche.

Revenons sur ce premier ébranlement et lisons-le à la lumière de l'élaboration de la distinction entre soi et l'autre. Essayons d'imaginer ce sujet en devenir qu'est un petit enfant. Il imite ceux qui l'aiment et lui parlent, il use de son auto-érotisme débutant pour édifier un ensemble de fantasmes qui rassemblent ses expériences corporelles et son désir de vivre. L'un des fantasmes de l'enfant en train de s'arracher à sa condition de bébé pourrait se définir ainsi : devenir grand. Ce n'est pas un hasard si l'enfant en proie à l'intense « *invidia* » décrite par saint Augustin ne possède pas encore le langage parlé. L'enfant qui ne parle pas ne possède pas encore une représentation stable de son espace intérieur, ni une carte

1. Saint Augustin, *Confessions*, Paris, Gallimard, « Folio classique », 1993, p. 38 : l'*invidia* est décrite de façon saisissante à propos d'un enfant « si jaloux et si envieux qu'il en était tout pâle ; et que ne sachant pas encore parler il ne laissait pas de regarder avec colère et aigreur un autre enfant qui tétait la même nourrice que lui ».

fiable des frontières qui le séparent de ceux qui l'entourent. Il est exposé à l'effroi d'être seul et sans recours ; plus il est petit, plus ses systèmes de défense sont à double tranchant, car ils risquent de l'isoler encore davantage du monde extérieur.

Quelle est la nature de l'indéniable traumatisme qui est décrit chez ce tout-petit ? Le bébé, pense Lacan, pâlirait de jalousie « devant l'image d'une complétude qui se referme[1] » et le laisse à la porte de ce lien, exclu. L'enfant serait jaloux non pas d'un objet (le sein) qu'on lui aurait ravi, mais du rapport qui lui est donné à voir entre deux êtres ; il jalouserait, selon lui, un lien qu'il a connu et perdu. La « complétude qui se referme » sur sa mère et un autre enfant, ces deux êtres tant jalousés, est bien « enfermante » pour le petit jaloux lui-même, tant ses assises subjectives, à peine ébauchées, vacillent gravement. Ce moment d'effondrement et de tremblement se retrouve dans l'ensemble des circonstances qui déclenchent la jalousie (celle des enfants comme celle des adultes). Cette « naissance » de la jalousie ne montre-t-elle pas déjà à l'œuvre une régression douloureuse ? Ne traduit-elle pas un repli insupportable provenant de la blessure d'une autre impulsion fondamentale : celle de parler, de grandir, d'aller vers le monde, de se séparer de sa mère et d'être libre ?

N'étant pas entièrement construit, l'« *infans* » qui ne sait pas encore parler a tendance à se confondre avec le bébé qu'il voit dans les bras de sa mère. Au même moment, sa maturité l'a conduit à disposer de bien plus d'autonomie que celui qu'il contemple avec acrimonie. Ainsi tiraillé, attiré d'un côté par l'image qu'il voit et d'un autre par son désir de grandir et d'être autonome, il ne sait plus qui il est, ni qui il doit chercher

1. J. Lacan, *Le Séminaire, livre XI. Les quatre concepts fondamentaux de la psychanalyse*, *op. cit.*, p. 105.

à être. Le désir de sa mère lui devient mystérieux. Il ne comprend plus ce qu'elle veut de lui, ni ce qu'elle aime, et souffre d'autant plus que la naissance du puîné est survenue tôt. Sa mère lui apparaît désormais inquiétante, « autre » que celle qu'il connaissait et qui, se dévouant à lui, l'enveloppait de la « beauté[1] » de ses soins. Parfois, elle va jusqu'à lui sembler « laide[2] » : il n'est plus, en effet, son « phallus[3] ». À ce moment-là, l'enfant s'aperçoit que sa mère a un « intérieur » énigmatique qui entre en conflit avec la belle harmonie qu'il désire avoir avec elle.

Règne en lui une confusion dangereuse. Son statut de sujet s'effondre au moment même où il s'en saisit. L'enfant en proie à la jalousie n'est plus capable de distinguer entre les bienfaits de l'amour et les avantages de la destructivité. Les premiers lui ont permis de s'identifier à ce qu'il a reçu de « bon » pour grandir. Les seconds lui ont ouvert la voie du détachement. Il convient en effet de détruire fantasmatiquement l'objet que l'on aime pour en éprouver la solidité[4] et la permanence. C'est alors seulement que, en « survivant », un objet d'amour peut être placé hors de l'aire des pensées toutes-puissantes qui, dans les premiers temps de l'existence, donnent l'illusion que la réalité se conforme aux désirs. La souple oscillation entre amour et destructivité, nécessaire à la vie psychique et à l'élaboration du principe de réalité,

1. D. Meltzer et M. Harris Williams, *The Apprehension of Beauty*, *op. cit.*
2. E. Gaddini, *L'Imitation*, *op. cit.*
3. J. Lacan, *Écrits*, *op. cit.*
4. D.W. Winnicott, dans « Objets de l'usage de l'objet » (*La Crainte de l'effondrement et autres situations cliniques*, Paris, Gallimard, « Connaissance de l'inconscient », 2000), développe l'idée que la destructivité crée la réalité, puisqu'elle montre à l'enfant que l'objet résiste et survit à sa destructivité ; l'objet qui résiste à la destruction est placé en dehors de « l'aire des phénomènes subjectifs » (p. 232), donc dans le monde réel.

est suspendue dans la jalousie. L'enfant jaloux ne sait plus où aller. Il est à l'arrêt.

Solitude

Qu'il rencontre un plus petit que lui, un autre du même âge ou que, sans jamais le rencontrer, il se mette à l'imaginer, l'enfant prend conscience par l'image de ce double non seulement de ce qu'il a perdu, sa mère, mais encore de l'irréductible solitude qui en découle. Le petit d'homme expérimente donc la présence de son être et de sa subjectivité dans l'instant même où il est délogé de ses certitudes. Le moment est d'autant plus délicat que l'enfant commence à peine à s'affranchir des fantasmes de fusion avec sa mère, imitatifs et tout-puissants, où il se donnait l'illusion nécessaire d'*être déjà grand*. À l'instant où il se *voit* dans un autre que lui, sa mère lui apparaît aussi « autre », étrangère, inconnue, énigmatique, lointaine ; ainsi, l'enfant, dans la confrontation traumatique avec un semblable (qui pourrait être lui-même), se rend compte qu'il est un sujet, différent de toute autre personne. Dès lors, chaque fois que poindra la possibilité de perdre une position ayant une valeur signifiante pour soi, immanquablement, le risque de la jalousie sera au rendez-vous.

L'intensité de la faille qui nourrit la jalousie a de lourdes conséquences sur la vie psychique. L'aptitude à se déplacer au sein de ses positions identitaires, à endurer les incertitudes, à laisser l'avenir instituer du nouveau est tributaire de l'intensité de l'angoisse qui mobilise la jalousie. Rigide, le jaloux l'est d'autant plus qu'il ne se réconcilie pas avec lui-même. Pour l'enfant, la sortie de la jalousie consiste à renouer le plus vite possible avec les fantasmes qui portent son désir de vivre.

À cet âge, l'enfant est très fragile, car il n'a pas à sa disposition un grand arsenal de réalisations et d'identifications qui stabiliseraient ses fantasmes créatifs essentiels. De plus, il est en train de transformer ses « identifications imitatives » fusionnelles en identifications « orientées vers la réalité [qui] conduisent, dans le cours de [son] développement, à la possibilité d'une relation d'objet mature »[1]. Ce hiatus entre un fantasme omnipotent et un fantasme créatif rend compte de l'extraordinaire souffrance qu'endure le tout-petit quand il est jaloux.

Son mouvement libertaire le pousse à grandir, à se séparer de ceux qui l'ont un moment porté et à aller vers l'inconnu ; mais il est interrompu par l'épreuve traumatique qui lui fait saisir qu'il existe, sans plus savoir *pour qui* il existe. Cet arrêt passager peut passer inaperçu. Il est alors conduit à imiter celui qui attire l'attention de sa mère ou de son père. Il retourne ainsi à un stade qu'il avait pourtant dépassé, et cette régression est incommode en elle-même. Par exemple, tel enfant déjà sevré voudra reprendre le biberon comme un bébé qui vient de naître. Mieux vaut alors s'en amuser avec lui (en exagérant ce comportement par exemple), et en tout cas l'accompagner, plutôt que le frustrer. Derrière cette attitude, en effet, l'enfant manifeste qu'il a perdu de vue sa fierté d'être un « grand ». En jouant de la régression, on permet à l'enfant de se jouer d'elle au lieu de l'aggraver.

Ainsi, dans la jalousie, c'est le péril d'une identité mal constituée qui se dit. Elle en est une conséquence et non une cause.

1. E. Gaddini, *L'Imitation*, *op. cit.*, p. 51.

Aînés et cadets

Parce qu'elle provient d'un vacillement de son identité, l'expression de la jalousie chez un enfant est normale, et elle ne doit pas être entravée. C'est le fait de figer cette position sans possibilité d'entendre derrière elle le désir d'en sortir qui se révèle néfaste.

Il n'est pas rare qu'un enfant jaloux de la naissance d'un cadet dise « on va le rendre » ou « qu'elle retourne d'où elle vient ». « Tu crois qu'il valait si cher ? », ajoutera une autre petite fille devant son frère. Nul n'aime être dérangé dans ses repères, et le nouveau venu, bien qu'aimé, reste quand même un intrus, y compris à un âge où l'enfant parle. Tel petit garçon, face à son frère cadet à peine né, fit ses bagages, empila ses petites affaires et, contemplant tout ce qu'il possédait, décida qu'en fin de compte il allait rester dans sa famille, puisqu'il n'avait pas « rien » et après tout n'était pas « rien ». On oublie qui on est en s'aliénant à celui ou à celle que l'on jalouse. Ce brouillage entre soi et l'autre est l'un des aspects du trauma.

Les enfants passent par des moments de régression quand ils sont jaloux ; ils peuvent cependant en sortir à condition que l'issue ne soit pas bouchée par les conflits inconscients de leurs parents. Toute fragilité expose en effet l'individu aux impasses inconscientes de son entourage, au point qu'il n'arrive plus à y résister. La jalousie est le signe de cette « désorientation ». Certains enfants cristallisent ainsi les problèmes irrésolus de leurs propres parents. Un enfant, écarté un moment de sa famille en raison de problèmes de santé de sa mère, se voit accablé, à son retour, de l'épithète « jaloux » à chaque fois qu'il manifeste sa colère envers ceux qui sont restés à la maison. Ainsi, l'enfant étant dépossédé du travail de différenciation et de retrouvailles qu'appelle sa fureur, le temps normal d'élaboration psychique se trouve nécessairement figé : il sera le « jaloux de service », rejeté par ses frères et sœurs.

Le travail psychique qu'implique la rencontre avec l'altérité est entravé si jamais l'enfant, en lutte avec lui-même, rencontre de surcroît chez son père ou sa mère le signe volontaire ou inconscient d'une répudiation de ses efforts. Les effets de ces rejets sont d'autant plus graves qu'ils s'adressent à un enfant très jeune, encore plongé dans le monde des émois de sa mère. Il scrutera celle-ci d'autant plus éperdument, à la recherche des signes de son désir. C'est la dimension symbolique de l'attachement maternel qu'interroge alors la jalousie : « y a-t-il ou non quelque chose de sensé dans cet amour ? », questionne l'enfant dans le silence de son regard inquiet.

Plus l'enfant est petit, plus cette attente est remplie d'angoisse et plus les mots qu'il reçoit sont précieux. Si sa mère a l'air de préférer un autre enfant, la séparation entre elle et lui aura les allures d'une mort annoncée. « J'ai toujours voulu avoir une fille », dira l'une d'entre elles « sans y penser » à son petit garçon malade de jalousie lors de la naissance de sa sœur. N'occupant plus de place dans ce qu'elle énonçait, ne se sentant plus soutenu, il en vient à se demander pourquoi grandir, passant par un véritable épisode dépressif. Cette question en recouvre une autre plus radicale encore : il s'agit de savoir pour *qui* grandir. Quand la réponse à cette interrogation n'a plus de sens, l'enfant s'effondre.

Il est devenu monnaie courante de parler de la jalousie des aînés ou des cadets. Certains parents tolèrent des manifestations de jalousie intenses sans s'apercevoir que de telles manifestations s'adressent à eux ; leur permissivité est aussi inquiétante pour celui qui est violent que pour celui qui doit subir une « jalousie » considérée comme normale. Or le véritable travail de la jalousie est silencieux, les enfants le font rarement entendre aux adultes ; or ceux-ci entendent trop ou trop peu la jalousie de leurs enfants. Dans les deux cas, l'espace du travail psychique de leurs enfants est envahi par leurs propres conflits et impasses.

On oublie ainsi que, au-delà des visages qu'elle emprunte, la jalousie est le signe d'une « fixation », dont il convient d'interroger les raisons. Dès lors, les jalousies qui s'adressent aux aînés apparaissent nécessairement très différentes de celles qui s'adressent aux cadets. Elles ont trait à l'impatience des cadets et à leur ambition de ressembler à leurs aînés, et se confondent plus volontiers avec la rivalité ; le cadet veut *avoir* les prérogatives des « grands », immédiatement et sans délai.

Rivalité et imitation

Un cadet admire un aîné en raison de son statut de « grand » et du simple fait qu'il l'a précédé dans l'existence. Le cadet cherche à lui ressembler et, en même temps, voudrait s'en distinguer. Cette phase aussi nécessaire que douloureuse dure le temps de l'élaboration de la différence entre soi-même et l'autre. Une jalousie à l'égard des privilèges de l'aîné, que le cadet veut tout de suite pour lui, se joue parfois plus ouvertement. Il lui revient d'apprendre à différer. Temps de flottement et de travail psychique, cette jalousie n'a pas à être commentée ni déniée, elle existe, tout simplement. La jalousie correspond à un moment d'élaboration et doit être lue comme telle.

En fonction de l'intensité ou de la profondeur des troubles de l'identité subis, la jalousie pourra toutefois demeurer longtemps masquée et invisible avant de surgir de façon catastrophique. Alors que la rivalité à l'égard d'un aîné entraîne un conflit entre le désir de lui ressembler et celui de s'en distinguer, dans une phase plus régressive, le désir de distinction, c'est-à-dire celui d'être soi-même, peut sombrer au profit d'une simple « imitation » du plus grand. Le cadet enfermé dans un tel dispositif voue dès lors une haine inextinguible à l'aîné, dans l'espoir d'expulser hors de lui cette contrainte d'imitation devenue pour lui un véritable carcan.

Certains états délirants et la plupart des anorexies commencent ainsi avec prédilection à l'adolescence. Quand on recherche un élément déclenchant, il n'est pas rare de remarquer qu'un frère ou une sœur auquel l'adolescent(e) était très attaché(e) a soit quitté le foyer, soit lié une relation amoureuse peu de temps avant l'irruption des troubles. L'aveu d'une intense jalousie est fréquent ; elle apparaît d'autant plus effrayante pour ceux qui la découvrent qu'elle laisse penser que l'adolescent ne peut pas vivre sans ce frère ou cette sœur dont il parasitait l'existence à l'insu de tous. La jalousie qui s'avoue est d'autant plus aliénante que l'imitation d'un frère ou d'une sœur apparaît, dans ces cas, comme la seule solution trouvée pour continuer de vivre. Un tel dispositif, en utilisant le refuge d'un autre corps, condamne l'individu à exister « hors de soi ».

Telle jeune fille entama sa « carrière » d'anorexique après que sa sœur aînée eût commencé la sienne. « J'ai eu un choc quand je l'ai vue si maigre », dira-t-elle, « elle ne pensait plus à moi, mais à sa nourriture, et elle était contente en plus ! », avant d'ajouter à l'occasion de sa psychothérapie : « J'ai cessé de manger pour montrer mon corps à ma sœur et qu'enfin elle se regarde comme elle est. Je veux qu'elle redevienne comme avant. » Cette jeune fille avait vécu dans le fantasme d'un corps commun à sa sœur et à elle ; d'une certaine façon, elle en partageait l'identité de façon masquée. Aussi, quand sa sœur, pour des raisons qui lui appartiennent, entama sa « grève de la faim », fut-elle effondrée de constater qu'elle ne faisait plus « un » avec elle. Elle apprit ainsi l'existence de sa rivale : l'anorexie, et se mit à vivre en fonction d'elle ; elle voulut être *comme* l'anorexie de sa sœur, la montrer, l'être.

Cette jalousie manifeste à l'extrême le désir d'emprise à l'œuvre chez tout jaloux s'appropriant complètement la « vie » de ceux ou de celles qu'il harcèle plus ou moins ouvertement. Les anorexiques ne se « voient » plus dans le regard des autres et se plaisent à une image[1] irréelle de leur corps. Les propos de cette jeune fille nous montrent combien elle veut être *l'image* de sa sœur réfléchie dans un miroir. N'ayant pas eu les moyens de stabiliser une image inconsciente[2] de son propre corps, elle a emprunté d'autres images et d'autres corps pour vivre ; cet équilibre venant à se rompre quand sa sœur emprunte une voie imprévue, elle le rétablit en étant *comme* sa sœur, en *étant* l'image de sa sœur. Par son anorexie, elle s'aliène dans une image faute d'avoir construit un corps désirant lui appartenant en propre. Elle a usé d'un moyen accessible au parlêtre, qui, face à des situations impossibles, choisit de « vivre n'importe où, hors de son corps[3] » ; c'est de cette manière qu'elle a tenté de rendre irréelle la douleur de sa jalousie.

1. F. Dolto, *L'Image inconsciente du corps*, *op. cit.*, p. 153 : « L'image scopique devenant un substitut de l'image du corps inconsciente et provoquant chez l'enfant la méconnaissance de sa vraie relation à l'autre. »

2. Par « image inconsciente du corps », F. Dolto entend « un réseau de sécurité langagière avec la mère » (*ibid.*, p. 150) qui permettra à l'enfant d'affronter les nécessaires séparations d'avec elle par lesquelles il s'individualisera. L'image inconsciente du corps n'est pas l'image dans le miroir, qui est une apparence aliénante si elle est un refuge face aux défaillances de l'image inconsciente du corps.

3. G. Pankow, *L'Homme et sa psychose*, Paris, Aubier-Montaigne, 1969, p. 62.

Est-ce seulement la gravité de tels états qui doit nous faire consentir à considérer les liens entre la jalousie et les graves failles symboliques de l'identité ? En acceptant d'envisager l'hypothèse selon laquelle tout jaloux souffre d'une indistinction (passagère ou durable) entre lui-même et un autre, nous ne serons plus, au contraire, étonnés de constater que la persistance de l'une (la confusion) conduit à la permanence de l'autre (la jalousie).

Les vacillations du jaloux

Face à la destitution que subit notre petit sujet lorsqu'il rencontre son semblable, une véritable sidération le saisit ; il ne sait plus qui il est, ce que le monde lui veut, il hésite, incertain. Ses stratégies de séparation et d'individuation semblent caduques ; les premières barrières de protection qu'il avait élaborées (les refoulements et les fantasmes) et qui tenaient à distance ses terreurs primitives paraissent, elles aussi, affectées par une étrange fragilité et sont devenues poreuses. Le monde entier semble dès lors lui adresser une question énigmatique et angoissante.

La jalousie n'est donc pas un « état normal », mais elle révèle une « oscillation » douloureuse qui, elle, est « normale » à condition de ne pas durer indéfiniment. Un double mouvement conflictuel, aux allures différentes selon les âges, s'y exprime : grandir ou ne pas grandir, aimer ou détester, devenir semblable à l'autre ou continuer d'être soi. Le jaloux « à l'arrêt », fixé dans sa jalousie, est en même temps sujet à une perpétuelle vacillation. Plus on se sent exclu de repères souples et adaptables, plus on est figé dans l'imitation, mais plus celle-ci, tragiquement, offre une solution fragile et douloureuse. Cette forme de régression éclaire les oscillations entre l'amour et la haine des jalousies fraternelles ; celui qui en est la proie se sent paradoxalement contraint de se confondre avec celui dont il voudrait en même temps se distinguer.

Autant l'enfant a besoin d'imiter ses aînés et ses pairs dans le but d'éprouver ses limites, de partager ses expériences, d'élaborer des repères, autant il régressera vers des stratégies d'imitation aliénantes s'il en vient à perdre le sens de son être. L'enfant ne « veut » pas imiter ses frères et sœurs par un « désir d'imitation » tel que R. Girard[1] a cru devoir l'individualiser à l'enseigne d'un « désir mimétique ». S'il les « imite », c'est à la façon d'une étape nécessaire et incontournable dans le processus d'édification de soi, bien différente des rages et oscillations du jaloux hésitant entre soi et l'autre, ne sachant comment expulser autrement hors de lui la violence de ne pas être soi. R. Girard n'aurait-il pas ainsi méconnu et pris pour un « désir » l'atroce angoisse du petit jaloux contraint de renoncer à devenir lui-même ? Contrairement à ce qu'il avance, seules de vivantes identifications[2] aux aînés et aux cadets, et non les contraintes de l'imitation, sont à même de garantir « ce qui unit des êtres éprouvant le même désir que leur amitié demeure [...] indéfectible[3] » ; les carcans qui résultent de l'imitation se muent en haines inextinguibles dès que la confusion entre soi et l'autre rencontre un obstacle. C'est un arrêt sur le chemin des identifications qui conduit à ces régressions dans l'imitation[4] du rival-frère. Véritable prison génératrice de haines et de jalousies indéracinables, cette régression mimétique n'a rien d'un « désir ».

1. R. Girard, *Shakespeare. Les feux de l'envie*, Paris, Grasset, 1990.

2. Les identifications symboliques articulent la différence du même et de l'autre et, ainsi, les rendent vivables.

3. R. Girard, *Shakespeare*, *op. cit.*, p. 9.

4. E. Gaddini, *L'Imitation*, *op. cit.*, p. 52 : l'auteur parle de « régression imitative ».

Exploration ou imitation, identification ou jalousie sont autant de positions qui naissent aussi de l'énigme de la différence des sexes. Désorientés, nos petits jaloux et jalouses ne savent comment comprendre qu'un tel préfère ostensiblement ses filles alors qu'un autre les découragera ou ne songera qu'à ses fils. En filigrane peuvent se lire les interrogations qui concernent la fierté ou la honte d'appartenir à un sexe plutôt qu'à un autre : « qu'a-t-il (elle) de plus que moi ? », ont-ils en tête, visant plus ou moins ouvertement par cette question la valeur sexuée du ou de la rival(e). Dans la mesure où le prix narcissique attaché à l'appartenance sexuée va en croissant avec l'âge, il n'est pas étonnant que cette question soit apparue au premier plan des jalousies amoureuses.

Un tel besoin de repères joue dans tous les cas, quel que soit le sexe du « semblable » (qu'il s'agisse d'un frère ou d'une sœur), et ce d'une manière « hétéro-sexuante » et pas seulement « homo-sexuante ». D'une certaine façon, dans le creuset des fratries, c'est une « altersexuation » qui est mise au travail. Féconde par le jeu et la souplesse qu'elle instaure, elle permet à l'enfant d'explorer les identifications à sa portée que sont les positions flottantes masculines et féminines de ses frères et sœurs. Quand la jalousie frappe, c'est l'amour de cette « altersexuation » entre frères et sœurs qui est occulté.

Comme par un leurre, les jaloux se sentent attirés par l'image d'un autre homme ou d'une autre femme ; toute jalousie aliène l'individu à une *image* du *même*. À des degrés divers, c'est ce que l'on retrouve dans les rivalités fratricides, ces « frérocités ».

Étrangement inquiétante

On a beau jeu de relever qu'un rival est d'autant plus jalousé qu'il ressemble au jaloux comme un frère. Cela n'éclaire en rien ce dont sont réellement faites les jalousies fratricides. S'agit-il d'un amour déçu ou d'un amour inachevé, d'un besoin de proximité ou de différence, ou encore des deux à la fois ? Plus le rival est proche, plus le jaloux craint que ne se dévoile la dimension de double maléfique qui l'unit à celui dont il ne comprend pas le pouvoir d'attraction et qu'il jalouse de plus belle. Le concurrent n'est jamais si familièrement inquiétant que lorsqu'il rappelle une image de soi dépassée, rappelle Freud[1] dans un texte consacré à l'étude de ces phénomènes de malaise. L'image du double, rappelle-t-il, est étrangement inquiétante parce qu'elle évoque le retour de « quelque chose qui aurait dû rester dans l'ombre et qui en est sorti[2] ». Que la jalousie, cette angoisse « étrangement inquiétante » si souvent déniée dans la rivalité fratricide, soit liée à un flottement « des frontières du moi » dont parle Freud dans le même article n'est plus pour nous étonner.

Y compris dans le champ de la rivalité professionnelle, le concurrent rappelle un autre soi-même étrangement inquiétant. « J'ai tout de suite senti », dira l'un, « qu'il voulait ma place », témoignant du fait que, dès son arrivée, le rival fut marqué par un halo magique empreint d'une sourde menace. Parfois, au contraire, une profonde déception : « nous étions comme les deux doigts de la main et il m'a poignardé dans le dos » indiquera que les délices du semblable à soi ont une fin.

1. S. Freud, « L'inquiétante étrangeté », *L'Inquiétante Étrangeté et autres essais*, Paris, Gallimard, « Connaissance de l'inconscient », 1985, p. 209-264.
2. *Ibid.*, p. 246.

Le surgissement de la figure du double dans le rival est ainsi nécessairement inquiétant, il rappelle ces temps de non-autonomie où l'image de soi était soutenue par le regard d'une mère dont on attendait qu'elle nous protège[1] pour l'éternité. La représentation de l'ange gardien fraternel en recueille la nostalgie. En même temps, il se révèle particulièrement mal placé pour remplir cette fonction, tant il a contribué à la fin de notre bienheureuse ignorance. Sans cette rencontre avec le semblable, nous ne saurions ni que nous existons ni que nous mourrons un jour. Nous l'avons appris à nos dépens, brutalement, en contemplant un « autre ». C'est cet étrange sentiment que réveille la jalousie, « envers » du sentiment primordial de sécurité nécessaire à la construction de soi. Ce savoir effrayant sur sa propre disparition ressurgit dans l'affrontement avec le rival. On ne s'étonnera plus, dès lors, que ce dernier soit à ce point détesté.

La jalousie révèle combien cet « arrière-plan d'inquiétante étrangeté[2] » s'est constitué lors de la rencontre traumatique avec le semblable qui, un jour, est venu nous signifier notre mort à nous-même. Les sensations de la jalousie résultent de ces angoisses plus profondes et les masquent. Rage, fureur et angoisse extrême s'y côtoient ; déséquilibre, effroi, sensation d'évanouissement et de dissociation forment, eux, le paysage des sensations du jaloux. Petit, l'enfant n'a pas eu l'usage des

1. M. Klein, *Envie et Gratitude et autres essais*, Paris, Gallimard, « Tel », 1978. Nous la rejoignons quand elle affirme que le jaloux se sent volé d'un « sein inépuisable et omniprésent » (p. 16) qu'il voudrait garder toute sa vie, à condition toutefois d'y voir un fantasme « irréaliste » régressif et non la cause de la jalousie.

2. Y. Gampel, *Ces parents qui vivent à travers moi. Les enfants des guerres*, Paris, Fayard, 2005. L'auteur fait remarquer que la confrontation brutale à la violence sociale de la Shoah a suscité chez les enfants « un terrible sentiment d'*unheimlich*, de quelque chose de familier devenu étrange, non familier, inquiétant » (p. 44). Au moment de clore ce livre, je suis heureuse d'avoir le temps d'y accueillir la rencontre de ses thèmes et des miens.

mots pour exprimer un tel désarroi ; plus tard, la jalousie adulte ramènera à la mémoire ces éprouvés en attente de sens et de reconnaissance. C'est uniquement à la condition de pouvoir les inscrire en soi grâce à une parole vivante que l'inquiétante étrangeté cessera d'être un gouffre qui aspire les forces du jaloux pour devenir promesse de liberté.

CHAPITRE VI

L'homme sans jalousie

Xavier n'était pas jaloux, ce sentiment lui était complètement étranger. Fallait-il à tout prix l'éprouver pour « être conforme à la norme » ? me demanda-t-il ironiquement. « Ne concevez-vous les relations amoureuses que marquées de cette sorte de possessivité ? »

Avec un sourire de discrète jubilation, il m'informa du fait que, avec sa femme, il formait un couple libre et exemplaire. Ils avaient instauré entre eux un contrat de générosité réciproque : ils mèneraient une vie érotique parallèle, chacun de son côté, puisque « la vie est longue et qu'il est inutile de se priver des rencontres qu'elle offre ». D'ordinaire, on use plus volontiers de l'argument contraire : « La vie est si courte, entend-on dire le plus souvent, qu'il convient d'en profiter au plus tôt. » Je me surpris à penser qu'il trouvait bien long le temps de vivre.

De son corps lourd et massif semblait émaner une sorte d'indicible fatigue. Derrière son aimable posture d'homme sans jalousie, ne me parlait-il pas d'un ennui et d'un dégoût bien plus profonds qu'il n'y paraissait ? Il se « devait » de rendre toute femme heureuse, affirmait-il, la sienne bien sûr, mais aussi celles qu'il croisait, ses amies comme ses maîtresses. Favoriser leurs rencontres avec d'autres hommes était son occupation favorite. Nulle jalousie, au contraire : il affichait une satisfaction qui me laissait perplexe.

Chacun est libre de conduire sa vie comme il l'entend. Il ne revient pas à un psychanalyste de déterminer le sexe, le nombre et le choix des partenaires de ceux qui viennent s'adresser à lui. Face aux mystères de la sexualité, nous sommes toujours quelque peu seuls et démunis. Il est inutile de prôner une hiérarchie des trouvailles de la vie sexuelle, puisqu'elles vont toutes dans le même sens : chercher réparation de secrètes blessures.

Alors, qu'est-ce qui me gênait ? Quel mal à vouloir rendre heureuses amies et amantes ? Cet homme jouait sur du velours, il cherchait à s'adresser à la femme en moi (il n'avait jamais songé à s'adresser à un homme psychanalyste, « surtout pas ! » avait-il ajouté), il m'offrait à contempler son palais des rêves, susceptible d'enchanter n'importe qui. Rien qui puisse susciter là révolte ou indignation, au contraire. À mesure que je l'écoutais, pourtant, progressivement, mes pensées et mes associations se paralysaient. L'aisance, la facilité et même la familiarité avec lesquelles il me parlait, alors que nous nous rencontrions pour la première fois, ajoutaient à mon malaise.

Je restais incrédule. Était-ce le souvenir des remarques de Freud[1] sur cet amant qui, ne montrant aucun désir de posséder de femme pour lui tout seul, semblait se trouver tout à fait à l'aise dans la relation triangulaire ? Masquant une sourde concurrence avec son père (le « tiers lésé » de l'histoire), son choix se portait exclusivement sur des femmes sur lesquelles un mari, un fiancé ou un ami pouvait faire valoir des droits de propriété[2]. Or on ne trouvait rien de tel chez Xavier. Il n'était jaloux ni des maris, ni des anciens amants de ses maîtresses, ni des nouveaux venus. Je cherchais en moi les motifs de ma propre gêne face à cet homme si soucieux, semblait-il, du bien-être d'autrui.

1. S. Freud, « Contributions à la psychologie de la vie amoureuse », I, « Un type particulier de choix d'objet chez l'homme », *La Vie sexuelle*, *op. cit.*, p. 49.
2. *Ibid.*, p. 48.

« Vous avez l'air de ne pas aimer les femmes autant que moi », me dit-il en guise de conclusion provisoire, d'un air amusé et légèrement condescendant. Il entreprit alors un long éloge des femmes et de ce qu'il appelait « la féminité », dont il avait un besoin vital, affirmait-il, tandis que ses relations masculines ne l'intéressaient guère. Les « femmes », le « féminin », la « féminité » (il utilisait les trois termes indifféremment) étaient pour lui le sel de sa vie. Proche de leur monde, il les comprenait mieux qu'elles-mêmes, aimait être leur ami et leur confident. À ses yeux, étais-je une femme comme toutes les autres, et me proposait-il à mots couverts de me combler moi aussi, ou bien cherchait-il à me faire entendre, au contraire, combien j'échappais à cette catégorie ? Disputant intérieurement avec lui sur ce sujet, je m'aperçus qu'il avait réussi à me faire perdre de vue les raisons qui l'avaient amené à rencontrer un(e) psychanalyste, engeance qu'il n'appréciait guère au demeurant. S'il affirmait avoir perdu le goût de vivre, il n'en laissait rien paraître. Je me demandais où il voulait en venir.

À cet instant précis, comme s'il lisait dans mes pensées, Xavier en revint aux raisons qui l'avaient conduit à consulter. Une impression de flou, de brouillard généralisé et d'anxiété diffuse dans son rapport aux femmes l'inquiétait depuis quelque temps. Il s'alarmait de ne plus pouvoir les satisfaire « comme avant ». « À quoi bon vivre ? », ajoutait-il, pour compléter le tableau de sa « dépression ». Ayant perdu, par ailleurs, toute attirance pour le désir sexuel, il regardait son pénis avec une inquiétante perplexité comme s'il ne savait pas ce qu'il « avait là ». Comme on aurait effacé d'une photo la trace gênante de quelqu'un, il constatait, navré, une sorte de « blanc » et d'absence concernant son sexe. S'interrogeant sur les femmes et leurs désirs, il redoutait qu'elles ne veuillent quelque chose de lui qu'il ne pourrait plus leur « fournir ». Il s'interrompit à ce moment précis et m'interrogea : « Est-ce que je vous ennuie avec mes histoires ? »

Évidemment bien plus « ennuyé » que moi, Xavier, en renonçant à dissimuler son propre malaise sous une agressivité larvée, témoigna par cette inquiétude du fait que le lien entre nous s'était établi. Libérée ainsi de son hypnotique et suave « générosité », je pus m'attacher à la pente dépressive qui lui avait fait rechercher mon aide. L'étau sourdement hostile dans lequel je m'étais sentie si vite enfermée me suggéra qu'il cherchait à expulser de lui (en le projetant sur moi) quelque chose dans lequel il se sentait lui-même à l'étroit.

Lui faisant alors remarquer la dimension contraignante de l'impératif qui l'habitait – « *il se devait* de rendre *une* femme heureuse » –, j'en soulignai le caractère impersonnel. Dans la mesure où il proclamait *devoir* rendre heureuse « *une* » femme, n'importe laquelle, toute étrangère ou toute inconnue devenait susceptible d'occuper cette place anonyme qu'il désignait à toutes et à aucune en particulier. Il donnait le sentiment, ajoutai-je, d'être accablé sous le poids d'une tâche impossible à accomplir, d'un travail de Sisyphe. Cela avait-il quelque lien avec ce sentiment d'épuisement, de fatigue ou d'« à quoi bon » dont il se plaignait ? lui demandai-je.

Le radeau de la méduse ou les naufrages du désir

« C'est vrai, le plaisir, c'est pour les autres, pas pour moi. Je n'ai jamais beaucoup pensé à moi. Quand je fais l'amour, par exemple, je ne ressens pas grand-chose. Je n'aime pas qu'une femme s'occupe de moi, me touche, c'est à moi de le faire. Le plaisir est toujours une sorte de mort, on m'arrache quelque chose contre mon gré. » Il ajouta en riant : « Avec les pilules, maintenant c'est parfait, ça travaille tout seul ! Je n'y suis vraiment pour personne ! Un vrai mort. Je ne suis pas d'une franche gaieté, n'est-ce pas ? » J'opinai sans rien ajouter, songeant à ce « vrai mort » dont il riait et à ces « frigidités » masculines[1] dont on parle peu.

Après un moment de silence, il évoqua l'épisode qui l'avait conduit à consulter. Alors qu'il contemplait au Louvre *Le Radeau de la Méduse* de Géricault, qui représente les rescapés à l'agonie du naufrage de la frégate éponyme, des larmes l'avaient assailli d'une manière violente et incontrôlable. Sur un radeau de fortune, au milieu d'une mer déchaînée, mourants et vivants s'enchevêtrent, tandis que seuls quelques-uns trouvent encore la force, dans un ultime sursaut, de se dresser pour appeler au secours. Submergé, depuis lors, par des émotions qui le débordaient de manière anarchique, à tout moment et à n'importe quelle occasion, il avait consulté un psychiatre qui lui avait prestement prescrit des antidépresseurs. Les larmes s'étaient arrêtées, mais pas ce sentiment de vanité et de lassitude qui le paralysait. Démuni, il avait fini par s'adresser à moi.

Affirmant haut et fort sa vénération pour les femmes, sa réussite dans les rapports avec elles et son absence de jalousie, ne se voyait-il pas secrètement comme un des mourants du tableau ? C'est ce dont je fis le pari. Peut-être était-il temps, lui suggérai-je, de « redonner la parole à ces moribonds qui, en lui, avaient fait écho à une voix d'enfant qu'il avait sans doute trop longtemps

1. *Ibid.*, p. 61 : « Nous ne pouvons nous défendre de penser que le comportement amoureux de l'homme dans notre civilisation actuelle porte, dans son ensemble, le caractère de l'impuissance psychique. » Pour lui, cette impuissance psychique générale est la conséquence de la division propre à l'homme entre la femme de « mauvaise vie » désirée sexuellement et la femme aimée représentant la figure maternelle idéalisée mais non érotique.

négligée et fait taire ». À ces mots, il me regarda intensément, surpris, visiblement ému, retrouvant les larmes taries par les antidépresseurs. « Vous le connaissez, vous, cet enfant ? », me demanda-t-il, en éclatant en sanglots. Une brèche s'était ouverte pour lui redonner vie.

Il m'avait fait éprouver, dans toute sa force, la violence de l'emprise qui l'étreignait, l'emprisonnait et le contraignait à mettre son désir érotique hors circuit. Si Xavier n'avait pas recours à l'excitation de la jalousie, fallait-il y voir la cause de son « anesthésie » sexuelle ou se demander pourquoi il ne *pouvait* pas être jaloux ?

Il avait pris soin, dès le début de l'entretien, de me préciser qu'il venait d'avoir cinquante ans, l'âge de sa mère au moment où son père l'avait quittée. Laissant son épouse pleine d'imprécations contre les hommes et aux bons soins de son fils, son père avait donc également encombré Xavier, à un âge où celui-ci commençait sa vie d'homme, d'une femme déprimée. Cet abandon n'avait-il pas été d'autant plus terrorisant que son père avait trouvé la mort peu après ? La coïncidence des âges entre la dépression de Xavier et celle de sa mère était-elle fortuite ? Les impasses de sa mère avaient-elles commencé de l'envahir ?

Corps sans vie et regard voyeur

Xavier en vint à préciser la nature de ses relations avec ses femmes, qui parut bien plus étrange qu'il ne l'avait suggéré dans un premier temps. Nourritures et amants, il veillait à tout. Il s'employait à réduire à rien la moindre initiative de leur part pour qu'en retour elles attendent tout de lui. Il pourvoyait financièrement à leurs besoins et ses partenaires étaient rapidement transformées en pauvres « filles perdues ».

J'appris qu'il ne se contentait pas d'organiser des rendez-vous entre ses maîtresses et leurs amants putatifs, mais qu'il aimait y assister en voyeur. Il avait beau affirmer en son for intérieur qu'il n'était pas exclu de leur union puisque, à son gré, c'est lui qui conjoignait corps féminins et masculins, il ne parvenait à leurrer que lui-même. Son désir d'emprise trouvait assurément satisfaction par ce dispositif, rendant toute jalousie inutile, mais sa maîtrise demeurait quelque peu irréelle et fantasmatique, réduite à la seule jouissance d'un regard. La satisfaction qu'il en tirait était mince : dès l'instant où il offrait ses femmes à d'autres amants que lui-même, il s'interdisait de les désirer.

« Ma mère me disait que tous les hommes étaient des salauds qui font du mal aux femmes. » Sa vie sexuelle s'était tant bien que mal développée dans ce contexte mêlant culpabilité et inquiétude. Attiré par les femmes, il avait éprouvé en même temps une immense terreur à l'idée de ressembler aux descriptions de sa mère.

Il avait donc mis son corps masculin « entre parenthèses », se contentant d'assouvir ses désirs au moyen d'un voyeurisme dont il tirait de maigres satisfactions. Participant ainsi « à distance » à la rencontre entre un homme et une femme en les obligeant à l'admettre parmi eux, il parvenait certes à court-circuiter toute jalousie, mais son corps anesthésié manifestait combien il demeurait exclu de leur union, privé du droit d'avoir un corps érotique à lui. Le plaisir était réservé « aux autres ». N'accusait-il pas par là implicitement sa mère et son père de ne pas lui avoir donné le droit d'être *comme* eux, un être sexué ?

Sa jalousie se trouvait-elle, de manière plus radicale encore, purement et simplement niée, à l'instar de son appartenance au genre masculin ? Ne cherchait-il pas à éviter à tout prix une question atrocement douloureuse, celle de son appartenance à cette « espèce » qu'il observait de loin ?

Humiliation maternelle et virilité bridée

Au moment d'entrer dans mon bureau, c'est toujours avec une insistante courtoisie qu'il tenait à me céder le passage. Alors que je l'interrogeais sur cette habitude, il me répondit tout d'abord qu'il « préférait » rester derrière moi, afin de rester à l'abri de mes regards. Je m'aperçus ainsi que cette feinte courtoisie lui permettait de me garder « à distance » en m'interdisant de le dévisager. « Qu'est-ce qui ne doit pas être vu ? », insistai-je. « Mon corps, répondit-il, mon sexe, tout ça. » Il évitait de se montrer nu devant une femme, qui ne pourrait qu'être immanquablement dégoûtée, pensait-il, par ce qu'elle aurait découvert. Arrachant au silence cette muette certitude, il put la mettre à distance et se détacher de sa portée inexorable.

« Comme il est laid ! », s'était exclamée sa mère en « le » voyant à sa naissance. Qu'avait-elle vu alors, si ce n'est le sexe de son fils ? Toute sa vie, il avait eu très honte d'être un garçon. La laideur à laquelle sa mère le vouait avec ostentation avait aussi été une façon de l'aliéner à elle. Elle n'aimait pas en lui cette masculinité qui échappait à son pouvoir. Une mère ne regarde pas seulement le sexe de son enfant avec ses yeux, elle le regarde avec son amour, ainsi qu'avec ses angoisses. La virilité, pour cette femme, devait être niée, réduite à un vulgaire morceau de chair, un petit pénis qui osait se « lever » sans son ordre quand, par exemple, son fils l'accompagnait chez la couturière. Elle s'en était même fâchée, se mettant à crier des choses incompréhensibles dont il avait gardé un sentiment diffus de honte.

Quelque temps plus tard, Xavier s'étonna que je ne semble pas gênée outre mesure par son « grand corps lourd », tellement plus grand que le mien. Il avoua qu'il avait peur de m'envahir sexuellement, qu'il était constamment hanté par la crainte de me « déborder ». En s'écartant ostensiblement de moi pour me laisser passer, ne montrait-il pas ses difficultés à habiter son « grand corps » dont il semblait ignorer les limites ? La « laideur » dont sa mère l'avait accablé entravait toute représentation positive de son sexe, laissant une lacune qui le rendait gauche et maladroit. Dès lors qu'un émoi l'envahissait, l'angoisse de « déborder » l'étreignait. Il s'efforçait alors de s'effacer pour ne pas devenir « encombrant », comme, petit, il s'était efforcé de disparaître pour ne pas gêner sa mère.

Nombre de jaloux ont eu des expériences similaires. « C'est parce que je suis si laid qu'elle va en aimer un autre, évidemment plus beau », dira l'un, fou de jalousie à l'égard de la « beauté » de son rival. L'image qu'ils (ou elles) ont de leur corps sexué leur apparaît d'autant plus « laide » que leur mère n'en a pas investi la représentation d'une manière aimante. Le regard du père, la fierté qu'il éprouve de l'appartenance à son sexe et de la féminité de sa femme joue un rôle tout aussi essentiel dans l'amour du soi sexué de chacun d'entre nous. Sans ces conjonctions de regards aimants, le corps reste un tas de chair laides et non habitées. Apparemment abandonné au seul regard lacunaire de sa mère, Xavier réprimait sa douleur et sa colère en réduisant le domaine de sa sensualité à celui d'un simple regard « voyeur ». Il avait désinvesti son corps, condamné à l'insensibilité, puisqu'il n'avait pas reçu le droit de le faire exister. À l'excitation érotique et voyeuriste, son corps apathique et absent répondait : « Je n'y suis pour personne. »

Alors que les jaloux maintiennent un constant va-et-vient entre amour et destructivité, Xavier avait été complètement paralysé dans l'usage de sa propre violence, indispensable, pourtant, pour qui veut se libérer des impasses inconscientes parentales. Cette violence s'était retournée contre lui-même. Son absence de jalousie était l'envers de nombre de colères et de haines réprimées.

Choisissant une troisième voie, il avait sacrifié son corps, en avait fait une matière-déchet, conformément, croyait-il, au « désir » de sa mère. Une dimension « masochiste » pouvait donc se lire dans cette soumission à une exigence aliénante. Il s'était fait « l'objet d'une volonté autre[1] ». Devenu une « chose » sous le regard de sa mère, il restait en attente d'un appui pour s'en détacher.

Au sein de son fantasme – « rendre "une" femme heureuse » –, venait-il au secours de lui-même, laissé sans fierté, non-homme ? Cette entité abstraite, « les femmes », ouvertement idéalisée, constituait un véritable bouclier derrière lequel il s'avançait, exerçant une force hypnotique qui « pétrifiait » celles qui le regardaient, comme Persée figeait et immobilisait ses ennemis en dirigeant vers eux la tête de Méduse[2]. J'avais moi-même ressenti lors de notre première rencontre une emprise quasi hypnotique, qui m'avait « médusée ». Ce bouclier hypnotique avait-il pour but d'éteindre la vie psychique de celui qui s'y exposait ? Il semblait imiter les soins d'une mère « parfaite » jusqu'à l'étouffement, comme pour démontrer la mort psychique qu'elle répandait. Il n'usait des mêmes armes de sa mère que pour mieux l'en accuser[3] secrètement.

1. J. Lacan, *Le Séminaire, livre XI. Les quatre concepts fondamentaux de la psychanalyse*, *op. cit.*, p. 168.
2. Dans la légende, le regard de Méduse (ou de Gorgone) suffit à tuer ceux qui le croisent.
3. S. Freud, « Psychologie des foules et analyse du moi », *Essais de psychanalyse*, Paris, Payot, « Petite bibliothèque Payot », 1981. Freud rapporte à Ferenczi la découverte de deux sortes d'hypnoses : « une, cajoleuse, qui apaise, qu'il rapportait au modèle maternel, et une qui menace, qu'il rapportait au père » (p. 195). Toutes deux ne font-elles pas payer un lourd tribut à la vie psychique : la méduser ?

« Ma mère dénigrait les hommes et mon père écoutait ça sans rien dire. Quand j'ai voulu partir, il m'a devancé. Il m'a laissé ma mère sur les bras. Le salaud, c'est lui ! » Xavier évoquait enfin son père, un autre homme comme lui, laissant s'exprimer toute sa colère. Il exhumait enfin les fragiles fragments d'une identité masculine déchue, ces mourants du tableau de Géricault devant lesquels, longtemps après, il avait pleuré l'abandon où lui-même était tombé.

Quel rôle son père avait-il joué pour que ce fils se sente si peu soutenu dans son identité d'homme ?

Démission paternelle

Confronté au refus de sa mère de reconnaître sa jeune virilité, Xavier aurait certes pu se tourner vers son père à la recherche d'un modèle et d'un appui. Un étayage « homosexué », on l'a dit, que l'on soit d'un sexe ou de l'autre, joue un rôle crucial dans la constitution de l'identité sexuée d'un sujet. Or le silence dont il entourait son père me laissait perplexe.

Depuis que je lui avais annoncé mon prochain départ, je remarquai qu'il s'obligeait à ramasser mon courrier, comme si, en tant que femme, il devait moi aussi me « servir ». « Était-il si prévenant parce que sa garce d'analyste allait s'absenter de façon imprévue ? », lui demandai-je alors. « Euh… Euh… », commença-t-il à balbutier, « j'ai honte de ce que j'ai pensé quand vous m'avez annoncé que vous partiez. Je n'étais pas content. Ce n'était pas prévu. Je ne comprenais pas pourquoi vous partiez pour ce voyage. J'ai euh… remarqué que vous aviez un nom… enfin je ne sais pas… un air… j'ai pensé… sale… sale… espèce de sale juive, voilà ! » J'éclatai de rire en entendant ces mots, autant d'ailleurs de son embarras à proférer une insulte que de l'aveu de son attachement.

Je lui fis remarquer que, pour exprimer sa colère, il avait recours à des mots que lui-même désavouait. C'était encore une façon de se donner tort.

Son père était juif et non sa mère. Celui-ci l'avait tenu très éloigné « de tout ça » ; c'est seulement aux funérailles de ce dernier qu'il en avait appris les origines. « Ce salaud, ce salaud, ce bâtard ! Il ne m'a rien dit, jamais rien, vous comprenez ? Et quand ma mère me faisait chier, il me demandait de m'humilier devant elle pour lui demander pardon ! » Du bout des lèvres, il consentit à rapporter un fragment humiliant de son adolescence. « À genoux ! », lui avait un jour intimé son père : « À genoux devant ta mère pour lui demander pardon ! » Xavier venait de se disputer avec elle pour une affaire sans importance, il refusait de mettre les vêtements ridiculement enfantins que celle-ci ne cessait de lui acheter. L'adolescent reçut les paroles de son père comme une trahison ; il s'agenouilla.

Ce fut une véritable épreuve pour lui d'évoquer cette humiliation. Il s'y voyait réduit à rien, lâché par son père, dans l'impossibilité de le rejeter à son tour. Face à cette situation insensée, il avait certainement cherché une solution pour survivre en ravalant sa rage. C'est sourdement qu'il avait crié vengeance.

Dans les relations qu'il avait instaurées avec les femmes, lui fis-je alors remarquer, il avait fait d'une pierre deux coups. Il avait trouvé un moyen de répondre à ses deux parents à la fois. Il prenait sa revanche sur sa mère en réduisant ses femmes à sa merci, il prenait une revanche sur son père en renversant l'ordre reçu (à genoux devant ta mère !) en ordre qu'il s'infligeait à lui-même volontairement (je m'agenouillerai devant tous leurs désirs).

Pourtant, ce défi ne lui permettait pas d'élaborer une identité solide et stable. Son image masculine ne trouvait pas véritablement de modèle sur lequel s'appuyer. Son père était ici l'agent d'une « fausse loi » qui « s'enracinait dans le rien »[1]. Sa démission vouait son fils à une errance. Celui-ci n'avait trouvé d'autre issue que d'exhiber un corps apathique à l'abri de tout ressenti : il n'éprouvait rien, et surtout pas de jalousie. Depuis ce lieu vide et anonyme où l'identité masculine était barrée et ruinée, il ne pouvait être jaloux.

Virilité factice et vraie position féminine

S'il avait été proche de lui, son père aurait pu construire avec son fils un espace commun. Il aurait ainsi apaisé les angoisses nées du refus maternel de sa sexualité de petit garçon. La défaillance de l'identification du père à son enfant, son impuissance à se rapprocher de lui, ancienne et indéfiniment rejouée durant l'enfance, avait figé l'agressivité normale de Xavier à son égard en une sourde haine retournée contre lui-même. À l'adolescence, une nouvelle chance de lien avait été gâchée par son père.

L'expérience faite par l'enfant d'une certaine dépendance amoureuse vis-à-vis de son père (ou de ce qui en tient lieu), que Freud appelait « Œdipe inversé » du garçon, permet l'exploration d'une position nécessaire à sa vie d'homme. Elle lui permet de constater qu'une attitude dite féminine ne conduit pas nécessairement au désastre. On peut entendre en effet, sous une telle dénomination, toute activité nécessaire pour s'ouvrir à l'autre, pour se laisser traverser par lui et accueillir en soi une part d'inconnu.

1. J.-T. Desanti, « L'avenir a-t-il une civilisation ? », entretien avec M. Fennetaux, *Césure*, n° 4, mai 1993, p. 61-92.

Seul un « terrain d'entente » entre un père et son fils peut apaiser ces peurs primitives. De là ce regret éprouvé par beaucoup d'hommes d'avoir manqué d'une complicité amicale avec leur père, complicité dont l'absence les a laissés dans une intense nostalgie. L'attitude du père de Xavier révélait une distance imprégnée de crainte vis-à-vis de son fils, voire une violence teintée de sadisme. Xavier n'ayant rien pu partager avec lui, nul n'avait été en mesure de l'aider à saisir que les enjeux inconscients haineux de sa mère ne le concernaient pas. Terrifié, il avait approché les femmes comme un dompteur met sa tête dans la gueule d'un lion.

« Sale juive ! » s'adressait à la fois à ce père qui l'avait écarté de ses racines et à sa mère, la « sale goy », à laquelle son père l'abandonnait. À partir de ce signifiant, il put explorer un univers de fantasmes dont il s'était jusqu'à présent amputé. Stigmatisant sa prétendue « laideur », sa mère ne s'adressait-elle pas aussi au « juif » en lui ? L'éloignement de son père ainsi que son absence de solidarité masculine ne lui signifiaient-ils pas son exclusion de l'héritage familial ? Quelle position sexuée édifier si l'on est totalement coupé et écarté des racines du parent du même sexe ? Quelle issue lui restait-il, sinon d'être jaloux du peuple de cet étranger qu'avait été son père pour lui ?

Cette jalousie était donc tombée sous le coup d'un vrai déni. S'il n'était plus sans ignorer ses racines, ce « savoir » restait formel et vide. Son père ne l'y avait en rien associé ; au contraire, il l'en avait exclu. L'analyse lui permit de donner chair à cette part de lui-même et à cet héritage qu'il avait reçu en dépit de son père.

Le récit fantasmé de nos origines s'élabore en nous de manière inconsciente. Nous y puisons la force de nos identifications, même si celles-ci sont conflictuelles. Le jeu érotique de Xavier consistait à recréer les conditions d'une rencontre entre un homme et une femme (son père et sa mère) tout en rejouant sans cesse la déception d'en avoir été seulement le spectateur passif et impuissant ; enfant, il avait « assisté » à la vie de ses parents sans jamais avoir été convié ni autorisé à y participer vraiment. Face à l'impossibilité d'être des leurs (ni fils, ni beau, ni juif), son absence de jalousie trahissait les dénis auxquels il avait dû se raccrocher faute d'avoir pu élaborer une position subjective active. Sa jalousie ne pouvait trouver sa place devant une nécessité encore plus grande qu'elle : restaurer les manques du récit de ses origines et les animer érotiquement, comme un jeu de marionnettes.

À partir de ce moment, à la lumière de ses choix de vie et de ses impasses, il fut alors capable de reconsidérer totalement les raisons de l'attitude lointaine et distante de son père. Son roman familial perdit son caractère lacunaire et put alors fonctionner comme une protection contre les imprécations à couleur dépressive de sa mère. Mais, avant que ses relations avec les femmes ne se modifient de façon drastique et qu'il ne retrouve le chemin de son désir, les affres de la jalousie secouèrent son apathie.

Salutaire jalousie

Un enfant peut finir par penser que l'altérité qu'il représente pour ses parents est criminelle ; de très primitives représentations de son corps portent la trace des renoncements à exister qu'il a dû opérer. Ainsi Xavier se désigna-t-il souvent par l'image d'un « crabe », empruntée à un dessin entraperçu dans mon bureau. À l'inverse du dessin qui représentait un enfant enjambant fièrement la coquille du crustacé pour aller vers le monde, il se voyait « retourné sur le dos, agitant faiblement les pattes, sans forces, attendant le bon vouloir d'un passant qui [le] remettrait sur pied ». J'étais la passante qui allait venir vers lui et l'appeler hors du corps apathique où il se morfondait. La découverte de la jalousie en témoigna, véritablement vécue et éprouvée dans l'espace du transfert envers sa psychanalyste.

« J'ai pensé que vous aviez un mari et qu'il avait de la chance ! », conclut-il un jour. Comme je l'invitais à m'en dire davantage, il laissa exploser sa rage. « Je suis sûr que vous vous entendez avec lui comme larrons en foire ! » L'insulte avait laissé place à la jalousie. Sa formule « il a de la chance » laissait penser qu'il s'imaginait à la place d'un rival, qu'il s'autorisait donc maintenant à entrer dans le jeu amoureux au lieu d'en être seulement le spectateur passif. L'expression « comme larrons en foire », elle, évoquait à la fois les deux parents accordés l'un à l'autre, la jalousie normale de l'enfant, liée à son exclusion de leur scène érotique, mais aussi son appétence à devenir lui aussi un « larron ». Par sa jalousie, il cherchait à être reconnu par ses deux parents comme l'un des « leurs ». Il ignorait, lui fis-je remarquer, qu'il avait d'ores et déjà conquis cette place.

Les haines de nos parents ne nous laissent pas indifférents, surtout quand elles restent implicites et non verbalisées. Des désaccords profonds et pas toujours conscients, des alliances fondées sur des soumissions jamais acceptées, des deuils jamais dépassés ou escamotés deviennent sources d'énigmes parfois insurmontables. L'enfant se voue par loyauté à les contenir ; il peut cependant en venir à perdre son sentiment d'unité s'il rencontre une position intenable pour lui.

Le jaloux ou la jalouse vivent « hors d'eux », nous l'avons vu, mais torturés ; la jalousie témoigne d'une souffrance qui n'a pas de lieu où se déposer. Sa douleur rappelle la perte blessante d'une partie de soi, « entreposée », faute de mieux, dans un autre aimé qui menace toujours de partir ou de trahir. Quand un tel aménagement est invivable, le sujet peut tenter, par toutes sortes de dénis, de l'« annuler » magiquement. Anesthésiant toute vie affective, il se dérobe par là au plaisir, à la souffrance et, par la même occasion, à toute jalousie.

On peut alors tenter, comme Xavier, de dominer la peur d'être objet de répulsion pour ses parents en occupant *de soi-même et « volontairement »* cette place par défi ; pour cela, il réduisait son corps à une abjection et se *devait* de rendre heureuse n'importe quelle femme. Les stratégies d'annulation de sa souffrance annulaient en même temps la jalousie. La douleur de n'avoir aucune place était « jouée » (et donc irréalisée) dans le registre sexuel où il se contentait d'être un simple regard « voyeur ».

L'enfant mourant du *Radeau de la Méduse* attendait de son analyste autre chose qu'un regard médusé, qu'il avait cependant cherché à provoquer en me « paralysant » lors de notre première rencontre. Il m'avait tout simplement mise au défi de le remettre en vie.

CHAPITRE VII

Rivalités maternelles

Au plus fort de sa jalousie, Pauline se sentait habitée par la nécessité de fouiller inlassablement dans les poches et les tiroirs de son amant, à la recherche d'indices de son infidélité. Cherchait-elle la preuve qu'il la trompait ? Elle le croyait. Les inlassables enquêtes qui agitent la vie des jaloux des deux sexes trouvaient en Pauline une illustration exemplaire.

Une écoute plus attentive révélait pourtant qu'elle souhaitait surtout, par ce procédé, avoir accès à l'univers masculin : « J'aime aussi regarder ses cravates, les toucher. En espionnant son monde, disait-elle, je le respire, lui qui est l'homme même, le masculin. Quand je vois quelque chose dont l'usage m'échappe, des mots incompréhensibles sur son carnet par exemple, je deviens folle de jalousie ; je passe alors des heures à essayer d'en deviner le sens, à faire des recoupements. Je ressens une excitation sexuelle intense à ces moments-là. »

Percer les mystères de la virilité

Quel est l'objet de cette « enquête » à laquelle le jaloux ou la jalouse se livre avec tant d'excitation ? Rien n'apaise, chez lui, ce désir de savoir ce que l'autre ressent, pense ou exprime ; une insondable perplexité le torture. Pauline nous aide à préciser les termes de l'énigme. Explorant tous les recoins de son amant comme si elle pénétrait dans l'intimité de son corps, elle veut « toucher » un homme, accéder à son mystère. Émue par la magie de l'autre sexe, elle se sent alors vivante et « excitée ».

La planète masculine lui paraissait d'autant plus mystérieuse que sa mère l'avait maintenue à distance « respectable » de ses propres relations amoureuses, comme si sa fille ne devait approcher cette sphère sous aucun prétexte. Pour Pauline, les « hommes » appartinrent de ce fait rapidement au territoire exclusif de sa mère, sa chasse gardée en quelque sorte. « Comment ne suis-je pas devenue homosexuelle ? », me répétait-elle souvent. Elle s'étonnait en effet de n'avoir pas renoncé à l'attrait qu'elle exerçait sur les hommes, ainsi qu'à son attirance à leur égard, afin de laisser le champ libre à sa mère. La rivalité redoutable qu'elle soupçonnait en elle la terrifiait. Son père avait quitté sa mère pour s'installer en Nouvelle-Zélande quand l'enfant avait deux ans et, depuis, elle n'en avait pas eu de nouvelles. Selon sa mère, il avait refait sa vie et avait eu un fils. « Tu vois, les fils restent avec leur père et les filles avec leur mère ! », lui avait-elle asséné, en riant. La petite fille en avait conçu un profond dépit, persuadée dans ses rêves que son père l'aurait emportée avec lui aux antipodes si, d'aventure, elle était née « en garçon ».

D'ailleurs, ne lui disait-on pas à tout propos qu'elle était un « garçon manqué » quand elle brillait dans les sports d'adresse et qu'elle se plaisait davantage à courir qu'à dessiner sagement ? À ce compte, la petite fille ne sut bientôt plus où donner de la tête. Quant à son désir de devenir une femme, il ne trouva plus grâce à ses yeux. Ne jouissant pas ouvertement des prérogatives de sa féminité, Pauline n'imaginait pas que son amant suscitait ses frénétiques perquisitions parce qu'il était... tout simplement un homme !

Une cure psychanalytique révèle la présence de fantômes dans les maux dont nous souffrons. En les identifiant et les débusquant, elle affaiblit leur force d'attraction. De tels spectres n'orientaient-ils pas son inlassable quête, en apparence provoquée par une jalousie forcenée ? Sa mère, comme je l'appris, avait été abusée par un oncle et se haïssait d'avoir subi cet inceste. Sa honte, se transformant en haine d'elle-même, condamnait chez sa fille la part active de la féminité. La jalousie qui poussait celle-ci à une conduite apparemment aberrante était une tentative de pénétrer dans un monde sexué, le sien et celui de son amant. Mais cette recherche fiévreuse ne lui donnait accès qu'à une forme d'excitation remplie d'anxiété, la laissant insatisfaite et dépossédée. Paradoxe, donc, de la jalousie, qui pose sans répit de vraies questions sans possibilité d'élaborer de vraie solution !

À l'adolescence, Pauline avait eu une légère passion pour une femme ressemblant à sa mère, son professeur de lettres. Sa mère l'avait alors menacée de la mettre dans un internat. Persuadée dès lors que sa mère la considérait comme une « homosexuelle », elle avait, dans son for intérieur, choisi de ne pas l'être. « Les hommes sont pour moi des extraterrestres ! », se plaignait-elle souvent. Alors qu'elle était satisfaite de ses relations masculines, je ne parvenais pas à donner un contenu précis à ses doléances. Parfois elle s'adressait à moi, tour à tour furieuse ou accablée : « Vous aussi vous êtes une extraterrestre ! Séduire un homme n'est pas pour vous un problème. Vous appartenez à une espèce à laquelle je suis étrangère : les femmes ! »

Elle n'était pas « comme les autres », pensait-elle, parce qu'elle ne savait pas comment séduire un homme : « L'emballer, rapidement, enfin, comme elles savent faire. Elles arrivent, font un petit tour, et hop ! » Elle se plaignait aussi de n'avoir pas eu le temps d'éblouir son père : « En deux ans de vie commune avec mon père, si je puis dire, je n'ai pas pu le connaître vraiment. Il n'a pas fait avec moi de la plongée sous-marine comme mon amie Y. avec le sien, il ne m'a rien expliqué des hommes, je ne l'ai pas vu faire ce que les hommes font, du bricolage, du foot… Tout ça ! » Pauline se sentait exclue de la « solide organisation tant inconsciente que sociale » que confère aux hommes, selon Michèle Montrelay[1], leur « appareillage ».

Elle n'avait pas tort. Son père avait disparu très tôt de sa vie. Pauline, pourtant, en dépit de ses dénégations, me paraissait tout à fait féminine. À travers la vie érotique échevelée qu'elle me prêtait, c'est un désespoir réel qui s'exprimait. On aurait pu penser que l'univers masculin lui était inconnu, mais celui qui lui manquait le plus était l'univers féminin. Bien qu'elle menât son analyse avec finesse et intelligence, je remarquais combien elle me ménageait. Elle semblait prendre soin à occuper le moins de place possible, à ne me déranger sous aucun prétexte, à construire entre nous un mur invisible. Je lui en avais fait la remarque à l'occasion. Elle donnait l'impression de me contourner comme on le ferait d'un objet fragile ou encombrant. Est-ce ma « féminité » qui, de façon tout à fait inconsciente, lui semblait inabordable et la conduisait à me montrer combien elle prenait garde de l'éviter avec soin ? Ne me ménageait-elle pas, au contraire, à proportion de ce que cette féminité représentait de menaces à ses yeux ? Je me perdais en conjectures, souvent agacée par le sentiment que notre

1. M. Montrelay, « La jalousie : un branchement direct sur l'inconscient », « I. Questions à M. Montrelay » (C. Casadamont et J.-J. Blévis), « II. Réponses de M. Montrelay », *Che vuoi ? Revue de psychanalyse*, n° 6, *La Jalousie*, Paris, L'Harmattan, 1996, p. 34.

travail commun pâtissait d'un certain manque de spontanéité de sa part.

L'insondable énigme d'une féminité volée

Lors de la reprise de notre travail, après notre première grande séparation, Pauline demanda à me parler en face à face. J'acceptai, intriguée. Durant les vacances, elle avait fait deux rêves où diverses personnes voulaient me dérober des objets personnels. Dans celui dont elle gardait le souvenir le plus vif, je m'opposais aux voleurs, ce qui la soulageait beaucoup. Elle m'informe alors du fait que l'interruption de notre travail analytique a été pour elle l'occasion de rencontrer un homme plus âgé qu'elle, dont elle est tombée très amoureuse. Mais les fouilles ont repris, sans mobile apparent ; et elle ne comprend plus son insistance à percer, sans nécessité, l'intimité de son nouvel amant.

Dans une partie du rêve, on me cambriolait ; dans l'autre, je me défendais contre les voleurs. Craignait-elle que je ne l'accuse de vol si elle avait une vie sexuelle heureuse et redoutait-elle à la fois de ne pas parvenir à protéger (contre moi ?) son nouveau lien amoureux ? Alors qu'elle n'était plus sûre de pouvoir faire la distinction entre imagination et réalité, le face à face lui était devenu nécessaire pour vérifier que ses craintes étaient sans fondement, pensai-je en mon for intérieur. Je lui demandai alors si elle avait « souhaité me "voir" en face à face pour s'assurer, par le regard, que rien n'avait été volé, ni à elle ni à moi, du fait qu'elle aime un homme ».

Un sourire éclaira son visage à m'entendre évoquer la possible coexistence de nos deux vies érotiques non ennemies. Cela lui rappela un incident survenu alors qu'elle avait seize ans et qu'elle se promenait avec sa mère. La scène se passait peu avant le remariage de celle-ci qui souffrait beaucoup de son célibat. Un inconnu les avait croisées en Espagne. « *Guapa* ! », s'était-il écrié en les dépassant. Sa mère avait pris le compliment pour elle, mais Pauline avait senti la main de l'homme contre sa hanche et avait compris que l'hommage lui était destiné.

Pourquoi n'avait-elle rien dit ? Sa mère en aurait pris ombrage, pense-t-elle. En d'autres circonstances, elle avait écarté sa fille de ses relations masculines, puis l'avait accusée d'être toujours « collée » à elle, la rendant responsable d'être « sans homme ». Pauline avait donc failli renoncer à toute vie sexuelle pour ne rien « dérober » à sa mère. Mais, si sa vie érotique n'avait pas droit de cité, elle-même se trouvait à son tour « volée » des moyens d'être une femme. Elle fouillait alors dans les armoires de son amant pour retrouver ce dont elle avait été spoliée. Bien des jaloux et des jalouses se plaignent ainsi d'avoir été évincés et dépouillés par un rival. Les hommes se persuadent volontiers que celui-ci possède une « puissance » phallique qui lui assure la jouissance de toutes les femmes et leur dérobe ainsi leurs privilèges. Celles-ci, par opposition, seraient plutôt enclines à croire que l'autre sexe a un « faible » pour toute autre féminité que la leur. « L'autre » recèle, pour les jaloux, un mystère impénétrable. Ils vivent l'impossibilité d'y avoir accès comme un préjudice intolérable.

La folle rivalité d'une mère

Si l'on prend cependant au sérieux leurs plaintes, le vol dont ils se sentent les victimes est une revendication certes imaginaire, mais qui témoigne d'un dommage bien réel. Leur identité d'homme ou de femme, c'est-à-dire leur identité sexuée, est meurtrie comme si elle avait été insuffisamment aimée et reconnue. Pauline sondait les secrets de son amant dans l'espoir vain d'y trouver un savoir sur le « masculin ». Sa jalousie se déchaînait devant le mystère de quelques mots incompréhensibles et interprétés de manière forcément hostile. L'excitation de ses recherches laisse à penser qu'elle se donnait ainsi le droit de dérober à la sauvette un savoir sur le désir et le plaisir auquel sa mère ne lui avait pas donné accès.

L'éclairage de la jalousie de Pauline montre que son intérêt pour le masculin se doublait d'un autre, beaucoup plus interdit : celui qu'elle portait à son propre sexe. Aucune rivalité « jouable » et « pensable » avec sa mère ne trouvait sa place ; sans doute est-ce aussi la raison pour laquelle elle me ménageait. Elle exprimait ainsi qu'aucun espace de partage de l'Éros féminin ne lui semblait possible. Dans ces cas-là, le désir du jaloux manifeste à ciel ouvert les conditions du désir de tout un chacun : avoir été certes aimé par sa mère comme un vrai sujet, mais aussi comme un vrai sujet sexué. L'intérêt hostile du jaloux pour le rival du même sexe que le sien est ainsi à prendre encore plus freudiennement à la lettre ; il (ou elle, indifféremment) attend de ce rival les clés de l'érotique de son propre sexe. Attente de toute façon impossible à satisfaire, mais qui indique ce dont il a été spolié. En fouillant compulsivement les « tiroirs du désir » de son amant, Pauline cherchait à rencontrer sa rivale, quelqu'un à qui s'affronter, certes, mais surtout à connaître.

Le territoire de la rivalité entre mère et fille mérite que l'on s'y arrête. Dans une première lecture, c'est en effet un excès de rivalité entre Pauline et sa mère qui, semble-t-il, lui avait interdit de se mesurer à elle. La « rivalité » implique qu'un véritable rival soit reconnu. À cette condition, elle est un bienfait, car la rivalité inscrit un cadre imaginaire, mais aussi symbolique, où la violence de l'appropriation des signifiants de chaque sexe invente ses propres conditions d'affirmation. Le semblable et le différent s'y articulent, s'y jouent, s'y parlent.

À l'inverse, en désignant la petite fille ou le petit garçon comme « le » rival, la rivalité excessive (qui provient des impasses d'une mère ou d'un père) inhibe et fige l'enfant dans la terreur ; il ne peut plus dès lors « jouer » avec insolence de cette rivalité. L'appropriation des signifiants de son sexe est encombrée d'une dimension tragique. Un tel enfant a toujours l'impression qu'il vole quelque chose de cet ordre ; sa jalousie le conduira plus tard à désirer des femmes ou des hommes qui sont l'objet de l'intérêt d'autres hommes ou d'autres femmes ; d'une part en se calquant sur le désir d'autres hommes, il se convainc qu'elles sont désirables (et il s'en sort de façon apparemment toute masculine) ; d'autre part, il se condamne à « voler » les signifiants de son désir faute d'avoir pu les faire siens. Par projection, sa jalousie le conduit à croire qu'il est « volé » par un ou une autre.

Si une petite fille ne rencontre chez sa mère aucune forme d'écho à son désir de devenir une femme (se manifestant sur le terrain de jeu de la rivalité), elle court le risque de rencontrer une négation d'elle-même en tant qu'autre féminin. Or la petite fille apprend très tôt comment elle est « femelle » et comment elle ne l'est pas, précisément à travers cette sorte de rivalité « rieuse » par laquelle elle reconnaît secrètement en sa mère une *autre*, intéressée elle aussi par l'Éros masculin.

Entre Pauline et sa mère, on était loin du jeu de rivalité normale entre une femme et sa fille. Pour celle-là, la lutte se jouait « pour de bon ». Véritable adversaire aux yeux de cette femme, Pauline ne parvenait plus à distinguer la réalité de ses distorsions. Si les distinctions entre le rêve et la réalité, le monde interne et le monde externe lui semblaient si difficiles à faire, c'est que les repères symboliques qui les structurent avaient été gravement lésés. Amalgamant la langue de l'enfance et celle de l'adulte, les places de mère et de fille, celle des hommes et celle des femmes, la mère de Pauline entretenait une confusion dommageable.

Pour l'heure, Pauline, plongée dans son analyse, avait d'autant plus besoin qu'une psychanalyste entende, dans son rêve, le douloureux débat avec les accusations que lui adressait sa mère qu'elle n'avait aucun moyen de confronter celles-ci à d'autres témoignages plus fiables. Quand elle se permettait de protester contre les comportements énigmatiques et féroces de cette femme, cette dernière la rejetait au nom d'une « ingratitude » ou déniait la légitimité de sa révolte en lui reprochant d'avoir des « imaginations » sans fondements. Ainsi, Pauline restait enfermée dans une relation duelle à sa mère, sans qu'un tiers puisse témoigner des projections passionnelles de celle-ci à son égard. Tout son espace de pensée et d'existence féminines se trouvait de la sorte envahi et incertain.

Féminité blessée, maternité honnie

Sans doute brisée et terrifiée par les violences qu'elle avait subies, cette mère ne pouvait pas transmettre à sa fille les signifiants paternels (ou masculins) sans lesquels un plaisir apaisé des corps n'a pas d'horizon. Au contraire, son enfant de sexe féminin lui rappelait douloureusement les offenses dont, petite, elle avait été la victime. Une mère donne à sa fille le « la » de la rivalité en jouant avec elle le jeu de la jalousie. Dans cette « partition », la façon dont une mère aime la part « féminine » s'articule à la façon dont elle aime ou pas la part « masculine ». Cette femme jalousait-elle inconsciemment sa fille d'avoir eu ce dont elle avait manqué : une protection pour apprivoiser la violence du désir sexuel ? Il demeure assuré, en tout cas, qu'elle soumettait sa fille à une rivalité bien trop précocément « sexuelle » pour se situer dans le registre du « jeu ».

Quant à Pauline, elle ne transférait pas à ses amants la jalousie de sa mère à son égard comme un ballon que l'on se passerait simplement de génération en génération. Sa jalousie répondait aux effets destructeurs des projections de sa mère sur elle, qui mettait à mal la construction de son identité féminine. Preuve du fait que la jalousie manifeste une blessure du narcissisme sexué.

La petite fille avait donc vécu sa rivalité œdipienne de façon très coupable, d'autant que sa mère lui paraissait imprévisible et impénétrable. Plus tard, elle en était venue à percevoir de la même manière toute femme effleurée par le désir d'un homme : celle-ci se métamorphosait en une « extraterrestre » toute-puissante et inaccessible. Ainsi la jalousie terrassait-elle Pauline, l'abandonnant sans mots sur une « planète inconnue », à l'image du féminin interdit d'accès. En fouillant compulsivement les tiroirs de son amant, éblouie et attirée par le « masculin », elle s'appropriait ce masculin à l'insu de… sa mère.

Pour une mère, un enfant fille peut en effet incarner la blessure du féminin. Par ses soins, par ses caresses, une mère touche le corps de son enfant et ainsi l'érotise. Elle est la première qui donne à l'enfant le sentiment des limites de son corps. Entre Pauline et sa mère, la confrontation n'avait pu se jouer dans un registre autre que celui du préjudice. Cette mère ne pouvait investir sa fille d'une présence maternante sexuée sans se détruire elle-même, elle qui n'avait pas été protégée par sa propre mère contre l'inceste commis par l'oncle maternel et qui en éprouvait un profond ressentiment à l'égard de la fonction maternelle en général. Elle exprimait sa rancune en se moquant sans cesse des hanches toujours trop grosses de sa fille, lui soutenant qu'elles ressemblaient à celles des « paysannes » du pays méditerranéen de son enfance.

« Ce n'est pas tant vous qu'elle n'aime pas que, bien plutôt, la fonction maternelle qu'elle déteste », lui dis-je un jour en réponse à son désespoir. Pauline comprit ainsi que le lien entre ses « hanches larges », honnies par sa mère, et le « bassin méditerranéen » des paysannes visait, au-delà d'elle, une figure maternelle exécrée, à l'image de ces statuettes au large bassin des anciennes déesses de la fécondité. Elle fut alors moins terrifiée par l'envie qui s'emparait de sa mère dès que celle-ci percevait les pouvoirs du corps féminin de sa fille, et se sentit plus libre d'en disposer à son gré.

Retrouvailles avec les signifiants paternels

Quand une fille n'est pas « touchée » des yeux et du corps de façon aimante et heureuse par sa mère, la « féminité » reste dans un « ailleurs » inaccessible. La jalousie tire alors sa force destructrice de plonger la jalouse dans un vide de représentation concernant son propre corps. On peut dire ainsi que la mère de la jalouse a manqué pour le moins d'« esprit de corps », laissant sa fille en suspens, en attente, assoiffée. La rivale, cet autre « corps » féminin, semble tout posséder et notre jalouse rien. Ne me reprochait-elle pas souvent d'appartenir à une « espèce féminine » dont elle n'était pas ? En fouillant inlassablement les poches de son amant, c'est ce bien aussi précieux qu'« inaccessible » qu'elle traquait vainement. Ce sont aussi les signifiants paternels enfouis dans les tiroirs des accusations de sa mère à son égard qu'elle recherchait avec force.

Témoin du drame muet de son enfance, son analyste allait l'aider à reconstruire un espace commun entre mère et fille, sans confusion des langues, mais non sans lien. L'analyse lui fit mesurer que les questions de l'amour et de l'érotisme pouvaient être partagées par une autre femme sans qu'elles fussent pour autant dévalisées par l'une ou l'autre. Dès lors, son analyste lui ayant montré que les signifiants du masculin paternel étaient à sa portée, elle n'eut plus besoin de s'égarer en de vaines fouilles dans d'autres tiroirs que ceux de son inconscient.

La petite fille n'avait pas eu beaucoup de temps, il est vrai, pour séduire son père comme elle s'en plaignait, mais elle avait disposé quand même de deux ans, et « ce n'est pas rien après tout ! », me dit-elle en riant, après que nous eûmes lutté ensemble contre la rivalité si destructrice de sa mère à son égard. « Deux ans, c'est même assez long ! Plus qu'il n'en faut pour séduire un homme, non ? » La féminité de Pauline se remit ainsi en mouvement. Et, si elle n'eut de cesse pendant un moment de se prouver qu'elle pouvait séduire un homme en un rien de temps, en moins de temps qu'il ne fallait pour le dire, son analyste n'allait certes pas l'en blâmer.

Toute fille éprouve de la difficulté à être « comme » sa mère en même temps que sa rivale. Or ces mouvements incompatibles sont tous deux nécessaires. Mère et fille, l'une et l'autre, l'une pour l'autre, ont à inventer un espace de solidarité où l'originalité de chacune s'adosse à la mise en valeur de ce qui est commun. Tâche bien difficile si le féminin est dévalué par les représentations culturelles dominantes, encore davantage si l'une ou l'autre a subi des violences dégradantes qui engendrent de profondes hontes de soi.

Le repérage de l'identité sexuée constitue donc un enjeu essentiel pour comprendre la jalousie ; cela éclaire le fait qu'une fille pourra être jalousée par sa mère dans la mesure où elle représente pour celle-ci une autre « elle-même ». Sujette au balancement maternel entre l'amour et la haine de son devenir sexué, à l'hésitation entre une identification à l'agresseur ou à l'agressée, une fille envisagera ces vacillations comme autant d'énigmes touchant à son devenir féminin.

Les différentes jalousies des mères

En effet, l'amour maternel, loin d'être angélique, est un amour passionné, traversé de violences inconscientes, d'attentes et de rejets, mais aussi d'apaisements et de caresses. C'est ainsi qu'une mère est présente à son enfant et l'appelle à vivre. Paradoxalement, une mère aime « normalement » son fils ou sa fille un peu comme une « vraie lionne », et souffre de jalousie à l'égard de la vie adulte qu'ils auront sans elle. Unetelle pense : « une autre sera dans les bras de mon fils » ou « un autre enlacera ma fille ». Dès lors, l'enfant n'est plus seulement « son » enfant, il est un petit homme ou une petite femme. Dès la naissance, cette différenciation est au travail ; elle est autant celle de la différence des sexes que celle des corps. En découle une souffrance qui doit être dépassée, étape difficile non seulement pour l'enfant qui, reconnu comme un être sexué, se retrouve ainsi seul, mais aussi pour sa mère, qui anticipe le moment où son enfant aimera ailleurs.

Ainsi la jalousie maternelle rejoint-elle ce qui a été dit de la jalousie de l'enfant. Une mère est toujours quelque peu destituée par la naissance de son enfant du fantasme de ne faire qu'un avec lui. Contenir la douleur d'une telle perte, transformer sa jalousie en joie de découvrir l'avenir, est ce travail d'amour qu'une mère offre à chaque naissance. Il se révèle riche quand la jalousie est franchie, appauvrissant si elle est déniée ou rejetée.

Bien des failles existent dans l'investissement passionné d'une mère ; certaines sont inévitables, d'autres encombrent d'un élément morbide les enjeux inconscients déjà complexes de la maternité. La mère de Pauline manifestait peu de cette jalousie amoureuse « normale » ; la balance penchait davantage en faveur d'une jalousie outrancière. Celle-ci ruine la jalousie inconsciente « normale » en s'opposant au mouvement de séparation par lequel l'enfant est identifié et aimé dans son sexe. La jalousie maladive d'une mère est alors le signe d'une jouissance incestueuse qui attache, ligote et exprime une implacable tyrannie. On s'étonnera donc peu qu'elle se manifeste sous sa seule dimension haineuse. Pour la sexualité d'une fille, la jalousie délirante de sa mère est un désastre. Pour un garçon aussi, quoique différemment, car la façon dont une mère promeut à travers lui un idéal exclusivement phallique ne se produit que sur un fond de haine de soi ; et cette violence (inconsciemment haineuse) n'est pas sans conséquences sur la propension dépressive ou persécutive de leurs fils. D'une façon ou d'une autre, la haine de soi qui hante une mère se projettera plus ou moins ouvertement sur son enfant, quel que soit son sexe, et paraîtra dirigée contre son devenir sexué ; les émois de son corps, partagés étroitement avec sa mère au début de la vie, en seront figés. Un tel enfant ne pourra ni « se » connaître dans la valeur de son sexe, ni apprendre que « l'autre » sexe est à sa portée.

Une douleur d'amour n'ayant été ni franchie ni, ainsi, « vécue » par les mères de nos jaloux et jalouses, ils demeurent blessés. L'existence d'une dimension sexuée chez « la » mère a souvent été déniée, quand elle n'était pas considérée comme un blasphème au vu de l'idéalisation (très freudienne) de la fonction maternelle. Or la jalousie en démontre l'importance. L'absence de plaisir, ou une angoisse trop importante à l'égard de l'érotique féminine, peuvent entrer en conflit avec la position maternelle et l'élaboration de la jalousie qu'une mère éprouve normalement. Ces conflits influent aussi sur la façon dont s'élaborent les limites et l'érotique du corps de son enfant, garçon ou fille. Nous avons vu combien la jalousie de Pauline était un message inversé : elle fouillait dans les affaires des hommes qui suscitaient sa jalousie dans l'espoir vain d'y découvrir le mystère de l'autre sexe. Elle ne voyait pas que son propre sexe était, plus encore, énigmatique à ses yeux.

Par ailleurs, l'amour du masculin ne se transmet pas moins à un garçon par la façon dont une même mère est en conflit ou en harmonie avec son propre sexe. Garcons ou filles, la façon dont une mère aime ou non son propre sexe est fondamentale pour leur avenir érotique. La jalousie amoureuse normale d'une mère, ou « jalousie de sexuation », est ainsi l'envers de l'acceptation du sexué en soi.

Une jalousie de sexuation

La jalousie maternelle normale est une jalousie de sexuation, car non seulement elle est le signe du fait que l'enfant, garçon ou fille, est aimé dans sa sexualité future, distincte de celle de sa mère, mais elle implique que garçons et filles sont aimés par leur mère dans leur bisexualité. Une telle mère jalouse en effet indistinctement *son* ou *sa* rivale, elle souffre bisexuellement de jalousie. Ainsi le jeu souple des identifications aux deux sexes se retrouve-t-il dans cette sorte de douleur d'amour qu'est la jalousie de sexuation normale chez une mère. Pas étonnant qu'elle ait été longtemps plus problématique concernant une fille.

La fonction maternelle est le lieu d'une médiation entre l'enfant et les idéaux ou les interdits qui intéressent le corps, ses plaisirs et ses douleurs. Par elle, toutes sortes de violences se propagent ou s'apaisent. Une mère peut par exemple léguer à sa fille la haine inconsciente qu'elle éprouve vis-à-vis d'elle-même en tant que femme, mais aussi une honte dont elle n'est elle-même qu'une héritière. En dépit de la « valence sexuelle différentielle[1] » qui existerait dans toutes les sociétés en faveur du sexe masculin, nombreux et inventifs sont les moyens par lesquels les femmes ont tracé des trajets de plaisir dans lesquels leurs enfants trouvent une économie érotique heureuse. L'amour sexué désirant des mères à l'égard de leur enfant impose contre vents et marées la valeur de l'érotique féminine. C'est grâce à elles que le désaveu du féminin n'est pas nécessairement légué aux filles et aux garçons.

Pour que ce travail s'effectue, il faut à une mère une dose de jalousie « normale » qui reconnaît la potentialité du désir sexuel de son enfant. La mère normalement jalouse ressent la séduction de son enfant et l'aime d'autant plus qu'elle y résiste. Ainsi incarne-t-elle une jalousie de sexuation. Cette jalousie « suffisamment bonne » n'est possible que si les générations précédentes n'ont pas transmis une haine du plaisir sexuel, du plaisir de vivre, du plaisir de l'inconnu. Dans la mesure, en effet, où l'autre sexe est toujours peu ou prou un inconnu et la sexualité un registre à apprivoiser, haines et terreurs s'en emparent facilement.

1. F. Héritier, *Masculin/féminin. La pensée de la différence*, Paris, Odile Jacob, 1998. Une valence sexuelle différentielle en faveur du sexe masculin serait, selon F. Héritier, construite ainsi pour permettre aux hommes d'exercer un contrôle sur le mystère de la fécondité féminine.

La douleur de la jalousie « normale » d'une mère qui recommence à l'occasion de chaque naissance et le travail qu'elle impose sont donc faits d'amour. À cette occasion, la mère aime son enfant dans sa sexualité et sa bisexualité. Cette œuvre d'amour « jalouse », violente et difficile, n'est-elle pas la part d'engagement proprement héroïque de la féminité de toute mère ?

CHAPITRE VIII

Les silences du désir

« Quand elle regarde une autre que moi, elle m'outrage, donc j'ai tous les droits », dit Léa, qui rêve d'« effacer » ses rivales. Dès que son amante croise le regard d'une autre femme, elle explose en crises de jalousie, parce qu'elle « ne peut faire autrement », avoue-t-elle. « Quand je suis amoureuse, je deviens une autre femme, une enragée », conclut-elle, déroutée par sa propre frénésie. Son impulsivité s'est un peu calmée avec sa nouvelle compagne, mais elle est excédée du lien que celle-ci maintient avec son ancienne amie. « Elle me met hors de moi, m'assure-t-elle, elle lui parle tous les jours, quand elle ne la rencontre pas en cachette, prenant prétexte de ma jalousie pour faire en sorte que nous ne nous croisions pas. Parfois je parviens à oublier, mais à d'autres moments, sans que je sache pourquoi, ma jalousie se réveille, je la harcèle alors pour lui prouver que c'est sa conduite qui est cause de tout. » Sentant que rien ne peut plus l'arrêter dans ces cas-là, Léa affirme qu'elle pourait « tuer » et ne se prive pas de nourrir d'ardents vœux de mort à l'encontre, indistinctement, de son amante et de celles qui ont le malheur d'attirer son attention.

Son attitude à l'égard de son amante n'est pas différente de celle qu'elle connaissait avec ses amants. « J'ai toujours été jalouse, ajoute-t-elle, c'est dans ma nature. » Au moins le récit de Léa confirmerait-il, s'il était besoin, que les solutions que, par notre vie sexuelle, nous croyons apporter à nos blessures ne sont pas meilleures, qu'elles se tournent vers un sexe ou un autre. Il démontrerait aussi que la jalousie ne se satisfait d'aucune problématique simpliste ; l'homosexualité, latente ou pas, refusée ou acceptée, inconsciente ou agie, ne change rien à l'affaire, contrairement à ce que pensait Freud. Par ailleurs, les homosexuels hommes ou femmes ne sont pas moins jaloux que ceux qui proclament aimer le genre qu'ils n'ont pas, mais pas davantage non plus.

Léa n'était pas seulement chagrinée par sa jalousie, une certaine difficulté dans sa sexualité l'embarrassait aussi. Quand, à force d'insistance, elle était parvenue à séparer ses amants de leurs maîtresses, obtenant que ces derniers se consacrent exclusivement à elle, son intérêt pour eux disparaissait sans attendre. Aujourd'hui encore, une fois ses amantes conquises, son désir pour elles se tarit promptement. Quadrature du cercle de son désir : véritable torture tant qu'elle se sent exclue de l'arceau magique de ceux qu'elle aime et qui, s'unissant hors de son contrôle, alimentent sa jalousie, il s'éteint avec la satisfaction et la conquête.

Sans doute ce schéma est-il des plus classiques. Bien des amoureux des deux sexes l'avouent, la conquête de l'être aimé les passionne davantage que l'exercice journalier de leur flamme. Pour beaucoup, passion et quotidienneté sont antinomiques et la jalousie a au moins, pour eux, le mérite de réveiller leur désir endormi. Les uns et les autres, plus occupés à inventer d'hypothétiques trahisons au service de leurs ardeurs défaillantes, n'interrogent pas cette propension à l'ennui au sein de leurs relations amoureuses. Leur désir est suspendu à la conquête d'un homme ou d'une femme à la seule (mais impérieuse) condition de les arracher à un autre en position tierce, dans ce cas précis une femme. Dès l'instant que ce « tiers » est vaincu, le désir est condamné à s'évanouir. Le désir n'a-t-il pas toujours besoin d'un tiers ? Et nos jaloux ne nous révéleraient-ils pas à l'occasion que le rival est, pour eux, un indispensable soutien de leur désir ?

La jalousie, soutien du désir ?

L'attention des psychanalystes s'est, à ce propos, davantage portée sur la structure triangulaire qui excite la jalousie que sur la joute à deux à laquelle se livre le jaloux ou la jalouse avec le (ou la) rival(e). Tout semble orienter l'exaltation de la jalousie vers la structure d'un « couple » dont l'harmonie serait dérangée par un intrus. Réminiscence de l'exclusion de l'enfant de la vie sexuelle du couple parental, cette autre « paire » inaccessible ? S'il en était ainsi, le jaloux serait menacé par tout rival en position de rappeler cet indiscret qu'il aurait aimé être face à l'intimité sexuelle de ses parents ; il est vrai que le rival est un double, trait pour trait, de notre jaloux, puisqu'il s'impose à un couple de façon importune. On l'a dit, dans le rival s'évoque, « étrangement inquiétant », le double. Dans la figure de l'intrus, n'est-ce pas un identique à soi qui est envié ?

Or Léa nous montre que la jalousie est d'autant plus « sérieuse » qu'elle a une visée différente d'une simple rivalité avec celui ou celle qui est susceptible de voler l'objet de son amour (le père ou la mère selon le cas) et du désir d'affirmer sa suprématie sur ce concurrent.

En prêtant attention à l'extinction du désir qui la frappe quand plus aucun rival ne se profile à l'horizon, plutôt qu'à un éventuel désir refoulé, il devient possible de formuler une nouvelle hypothèse, plus à même d'éclairer les causes d'une passion si amère. Pour cette femme, c'est la promiscuité quotidienne qui apparaît comme redoutable et comme la cause de la disparition du désir : « En bas, ça ne va pas. Quand je vis au quotidien avec un homme ou une femme, au moment où je suis nue, je me sens malheureuse, laide et vide », dit-elle en hésitant, avant de confier qu'elle aime « donner du plaisir, mais pas en recevoir ». Tant que la rivale reste un obstacle, l'intimité amoureuse avec un homme ou une femme ne lui semble pas dangereuse, le défi adressé aux concurrentes permettant de maintenir une forme de lien avec elles. En revanche, dès lors qu'elle a évincé ses adversaires, la proximité des corps devient pour elle menaçante, car elle se retrouve « seule » face à ses amants ou amantes. Sans ses rivales détestées et tant jalousées, elle se sent exposée et sans défense, « nue », « laide » et « vide ». Ainsi, contre toute attente, il semble que ce soit la présence d'une rivale qui la protège contre le vide de représentation de son corps sexué, ce « bas qui ne va pas ».

La jalousie, qui se nourrit de l'assurance que la rivale est bien vivante, a d'autant moins pour but de l'éliminer ; au contraire, elle voudrait se l'attacher. Tous les moyens sont bons pour masquer cet enjeu et le faire durer.

Le sentiment de laideur sexuelle, si fréquent dans le discours des jaloux homo ou hétérosexuels, témoigne d'une blessure narcissique. Leur jalousie résulte alors moins du refoulement d'un désir homosexuel que de l'attente d'être reconnus dans la valeur de leur sexe. Cette tentative de restauration du narcissisme à l'aide d'un support imaginaire (la figure du rival) ne rend cependant pas compte de l'extinction du désir qui survient quand toute raison de la jalousie a disparu. Chez Léa, la présence *réelle* de sa rivale paraissait une condition nécessaire pour qu'elle puisse éprouver un attrait touchant aux jeux érotiques du désir ; ainsi, c'est l'absence d'un espace fantasmatique intérieur qui se dévoilait, dans lequel le libre jeu des identifications aux deux sexes pourrait s'effectuer sans difficultés. L'excitation de la jalousie révélait ainsi son caractère artificiel : c'est un vide qu'elle permet de masquer et de remplir.

Paradoxalement, la jalousie de Léa, qui semblait en apparence liée à la présence d'un intrus au sein de ses relations amoureuses, était moins une jalousie concurrentielle qu'une jalousie ayant pour but de maintenir en vie un désir et un corps érotiques.

La chambre des amants

L'enfant découvre avec jalousie les pouvoirs sexuels de ses parents, et, constatant qu'il ne les possède pas encore, s'en trouve fort marri ; mais ses rêveries se peuplent de ce qu'il imagine dans cette « chambre obscure » et qui doit le rester. La vie sexuelle des adultes, quand elle n'est ni exclue, ni exhibée, ni *a fortiori* agie avec ou devant l'enfant, est pour lui une source inépuisable de fantasmes[1]. Avec l'assurance que les parents sont heureux sur le plan érotique, la jalousie passagère de l'enfant est promise à disparaître, et il peut bientôt renoncer à s'en emparer rageusement ou magiquement.

L'érotique d'un père ou d'une mère humanisant leur fonction, ces derniers apparaissent comme tout un chacun heureux ou malheureux, et en tous cas moins grandioses. L'appropriation des prérogatives sexuelles s'inscrit alors pour l'enfant dans un futur accessible. Aussi le fait que l'enfant soit exclu de la vie

1. Les fantasmes sont les mots, les récits, les images qui, forgés par l'enfant, l'aideront à rendre vivable la part toujours quelque peu traumatique de la sexualité, de l'absence, de la finitude de l'existence.

sexuelle des adultes n'est-il pas la cause majeure de sa jalousie. Le dépit qu'il éprouve à l'égard de ses deux parents est bien davantage un aiguillon qui le pousse à se mesurer à leurs pouvoirs que le terreau d'une jalousie dont la forme adulte ne serait qu'un lointain effet.

N'est-ce pas alors la place de l'Éros (d'une mère et d'un père), ou plutôt son absence, qui blesse l'enfant quel que soit son sexe, plus que son exclusion de la scène érotique des parents ? La question du rival du même sexe que le sien évoque un double jalousé pour des droits que le jaloux croit ne pas avoir : pénétrer en imagination dans le monde érotique des adultes et s'approprier le pouvoir de s'identifier aux deux sexes. Exilé hors de la chambre des hypothétiques amants, le jaloux hurle sa souffrance, enrage et s'excite tandis que son corps érotique reste « gelé ». Les flammes de la jalousie permettent de le tirer hors de cette glace. À travers le trait passionnel qui lie jaloux et jalouses à leurs rivaux, c'est l'angoisse d'un anéantissement de soi qui s'exprime. Quelle crainte d'être ainsi annihilée Léa exprimait-elle à travers ses crises de rage chaque fois que le regard de son amante croisait celui d'une autre femme ?

Les insectes caressants

Un cauchemar récurrent, survenant régulièrement au plus fort de son angoisse amoureuse, nous mit sur la voie. Dans ce rêve, une sorte d'insecte qu'elle ne voit pas s'approche d'elle. Sans qu'elle puisse l'apercevoir, elle sent le long de son cou le léger frottement de ses ailes. La rêveuse se réveille alors en proie à une indicible terreur.

Quand je traduisis « frottement des ailes de l'insecte le long du cou » par « caresses dans le cou », Léa comprit que la terreur que ce cauchemar suscitait provenait de « caresses que l'on ne voyait pas ». Qui ne voyait-elle jamais quand elle était enfant ? L'évocation des amants de sa mère, que celle-ci se plaisait à cacher, surgit alors en elle. Sa mère menait une vie extraconjugale apparemment animée. Rien de mal à cela ; mais, sans mot dire, elle exigeait de sa fille le silence à l'égard de son mari. Ainsi Léa était-elle à la fois mise dans le secret et au secret. Comme tout enfant, elle avait été attentive aux signes de la féminité de sa mère, et avait cherché à capter le mystère des liens amoureux de ses deux parents. En tant que fille, Léa aurait aimé partager avec sa mère non pas tant sa vie sexuelle, que, en écho, la joie des plaisirs féminins et masculins. Mais la complicité où sa mère la maintenait rendait impossible l'espoir d'un partage, puisque celui-ci aurait bafoué davantage encore sa loyauté à l'égard de son père. Elle aurait voulu que la « chambre des amants » soit un espace de rêverie, mais sa position de complice l'enfermait à double tour à la fois dedans et dehors.

Un rêve tourne au cauchemar quand il soulève une angoisse extrême. Excédant les possibilités de symbolisation du rêveur en le plaçant face à un non-sens total, l'effroi provoque le réveil. La prolifération des insectes menaçants et invisibles est déclenchée par un interdit aussi inviolable qu'incompréhensible ; elle exprime l'impossible réalisation du vœu d'accéder à ce qui doit en même temps rester caché. La jouissance que la mère de Léa avait à dissimuler sa vie érotique représentait pour sa fille un non-sens très dévastateur. C'est l'invisibilité-exhibée de la sexualité de sa mère qui était cauchemardesque, et non le désir de Léa de prendre, par jalousie, la place des amants de sa mère ou, par jalousie, d'être à la place de sa mère auprès d'eux. Léa était en rivalité avec quelque chose de plus insaisissable, qu'elle ne pouvait ni ne devait voir.

Telle Cendrillon, cette femme encore jeune et belle montrait à sa fille ses atours. Parée comme une reine, elle se plaisait à faire de sa fille une « dame de compagnie » qui restait ensuite seule et oubliée à la maison, quand son père était en voyage. Mise en position de « voir » les préparatifs de sa mère, Léa était mise en demeure de ne rien en « savoir ». Réduite à être un « regard » pour sa mère, il ne lui restait qu'à imaginer en silence le ballet des amants qui jamais ne paraissaient à sa vue. Ils n'en semblaient que plus grandioses et menaçants d'avoir, à ses yeux, le pouvoir maléfique et infini d'attirer sa mère loin d'elle. Aussi le traumatisme d'abandon qui hante toute enfance se réveillait-il en se projetant sur l'image de ces derniers.

Sa mère usait ainsi, disait-elle, de son « droit à avoir une vie privée », ne voulant en aucun cas « sacrifier sa vie de femme ». S'il n'est rien à objecter à un tel projet, cette femme organisait, par ses « cachotteries », une sorte de rivalité indéfectible entre ses amants et Léa, car cette exhibition-dissimulation non accompagnée de paroles, plongeant sa fille dans l'absurde, provoquait sa haine. Non que cette mère eût dû lui « montrer » ses amants – la question que Léa lui posait ne relevait pas, en définitive, du registre du « voir », mais de l'échange d'une parole, qui, seule, laissant à chacun la place qui est la sienne, peut faire l'objet d'un partage. La complicité qu'elle exigeait de sa fille ruinait le véritable échange qu'elles auraient pu avoir. Le défaut de reconnaissance verbale de la place de sa fille se traduisait par le double lien qu'elle lui imposait (« sa-voir » et ne « pas sa-voir »), lequel prenait pour Léa la signification d'un interdit majeur et conflictuel : être et ne pas être une femme. Pour qu'elle puisse continuer de désirer, pour que puisse exister un cadre propice à l'élaboration de fantasmes et de rêves, une femme *réelle*, rivale ou concurrente lui devenait alors indispensable.

Le cauchemar de Léa mettait en scène un savoir interdit sur la jouissance qu'exerçait sa mère à ses dépens. La vraie menace provenait de cette jouissance qui la condamnait à n'avoir d'autre existence que celle d'un « regard ». Trop occupée à régler ses comptes avec son propre narcissisme féminin en impasse, cette femme avait renoncé au douloureux travail d'amour de toute mère pour faire de sa fille une spectatrice impuissante dont elle se moquait. En refusant de partager ouvertement quoi que ce soit du bonheur amoureux, elle privait sa fille de tout repère.

Rejouant les cachotteries qu'elle avait inventées pour se protéger de son propre père et de ses « sœurs » aînées alliées à lui, cette femme projetait leurs fantômes sur sa fille (et sans doute aussi sur son mari). En imposant silence à Léa sur « ses » amants, sa mère se défendait elle-même contre les spectres du passé et, en même temps, coupait sa fille d'un accès à sa dimension désirante. Par ailleurs, par ce dispositif, elle pouvait continuer de satisfaire son désir de berner ses sœurs et son père. Le leurre portant sur l'accès à une sexualité reconnue, Léa, par la double injonction d'un regard interdit et d'un savoir obligé, était par sa mère acculée à une impasse. Par l'abandon que celle-ci lui signifiait, c'est l'enfant en elle qui se trouvait atteint. Par les projections de cette dernière sur elle, c'est sa future identité de femme qui se trouvait mise en péril.

Astreinte qu'elle était à endosser le rôle de ces tantes abusives et de ce grand-père hostile, toute possibilité d'identification qui lui permît d'exister en tant que fille se trouvait par là remise en question. Ne pouvant s'identifier à cette femme qui refusait toute « mêmeté » d'être avec elle, Léa ne pouvait pas davantage s'en séparer, tant que celle-ci la maintenait dans un lien de dépendance en la traitant comme un amant éconduit, un mari bafoué ou une petite sœur abandonnée qui ne « comprenait rien ». Pour l'entourage, les crises de fureur de Léa contre sa mère étaient demeurées totalement incompréhensibles, précisément parce que les messages sadiques inconscients que lui adressait celle-ci prenaient une forme méconnaissable. Elle ne s'en trouvait que plus seule et plus coupable. On se sent devenir fou à s'entendre dire à voix haute ou basse : « Mais tu n'as aucune raison de te plaindre ! » En effet, aucun sujet « visible » ne pouvait légitimement alimenter ses doléances. Le rêve des amants de sa mère, transformés en insectes invisibles, dévoilait mieux que tout discours la jouissance de sa mère à dissimuler sa vie érotique.

La jalousie de Léa surgissait à son insu dans les accès de rage qu'elle adressait à son amante dès qu'un regard de celle-ci se posait, tel un insecte, sur une autre... Mais la présence de rivales « en chair et en os » était aussi un soutien pour cette identité féminine en faillite. Enfin, grâce à elles, Léa pouvait s'affronter à sa mère, se venger d'elle, certes, mais aussi rester en lien avec elle. Ainsi espérait-elle en chaque rivale rencontrer sa « mère » et retrouver la boîte à secrets des fantaisies érotiques que sa rage contre elle avait détruite. Dès que la rivale était « tuée », son vide revenait au premier plan et son désir sombrait. La « chambre des amants », transformée en prison par la complicité incestueuse de sa mère, imposait silence à son propre désir.

La reconquête du désir

Pour que cesse ce besoin compulsif de l'existence du rival, le jaloux doit donc reconquérir son propre désir.

Léa, notre « fidèle en jalousie », me dit un jour qu'elle se sentait, face à moi, semblable à un chat, « un chat sauvage ». L'atmosphère de la séance était comme souvent électrique, mais d'une autre tonalité : à la tension se mêlaient cette fois crainte et attente. Butée, elle se taisait. J'étais sensible à l'importance de ce moment, car, si le signifiant « chat » évoquait le sexe féminin, il me mettait au défi de parvenir à sortir son désir de femme du statut d'étrangeté où il restait cantonné pour elle. Jusqu'ici, son désir ne pouvait être excité que par la jalousie ; elle en était irrémédiablement coupée. S'il tenait du paradoxe de faire advenir dans un espace sexué commun quelque chose de la solitude intrinsèque au désir sexuel, j'avais néanmoins le ferme espoir que, par là, ses crises de jalousie perdraient leur nécessité.

L'invitant alors à laisser parler le « chat sauvage », j'entrepris de lui demander ce qu'il faisait, ce qu'il voulait. « Que lui arrive-t-il ? », lui dis-je. « Il court, il s'accroche aux parois de votre bureau, me dit-elle, c'est un animal traqué, aux abois. Mais il peut se retourner contre celui qui le poursuit et subitement feuler, vous savez ! », ajouta-t-elle. « Vous le poursuivez, reprit-elle, il n'en peut plus de vos questions ! » Devant mon silence, elle émit alors d'une petite voix : « Vous êtes encore là ? Il a fait froid tout d'un coup et j'ai cru que vous étiez partie. » J'étais là, avec elle, dans l'espace où le chat courait, craignant que je ne le poursuive (de mes assiduités ?) et d'être abandonné au froid de l'absence. L'espace érotique commençait à se « symboliser », c'est-à-dire à trouver la bonne distance entre la crainte (et le désir) d'être séduite-poursuivie par une analyste-femme-mère-chat et celle d'être abandonnée à la froide et intouchable sexualité maternelle.

L'animal sauvage désignait sa sexualité ; cette fois, elle pouvait la faire « courir » librement, il lui était permis de se battre en « feulant » contre celle qui la poursuivait. Sa question

– « Êtes-vous là ? Il fait froid tout à coup » – évoquait l'absence d'un lien maternel chaleureux. Elle me sembla avoir manqué d'une mère qui l'eût touchée des yeux et du corps de façon aimante et heureuse ; la féminité de sa mère restait pour elle dans un « ailleurs » inaccessible qu'elle demandait vainement à son amante ou amant de lui rendre au moyen de crises de jalousie sans issue. Elle jalousait tout lien entre deux personnes quel que soit leur sexe, méconnaissant la nature de ce dont elle avait véritablement manqué. Lutte menée contre la mortification résultant d'un espace d'échange avorté, l'excitation de la jalousie chez un homme ou chez une femme a pour fin de le ou la maintenir en vie et de l'animer. À l'horizon, l'angoisse avouée de Léa, celle de n'être qu'une chatte-chaton seule et abandonnée, laissait entrevoir les couches de glace qui avaient gelé et pétrifié les unes à la suite des autres les langues d'enfance féminines de sa famille.

Au-delà de la « froideur » de sa mère, à travers l'espace commun du transfert, l'image rencontrée du chat avait permis de renouer avec la « chaleur » du désir de vivre et aussi du désir sexuel, qui cessaient d'être « hors jeu » en même temps qu'hors d'elle.

L'excitation jalouse comme lutte contre la dépression

Nombre de jaloux et de jalouses se plaignent du fait que leur vie sexuelle ou érotique leur échappe, leur apparaisse comme « étrangère » et coupée du monde du langage. L'on comprend mieux, dès lors, pourquoi la jalousie fournit à beaucoup, par substitution, une forme d'« excitation » véritablement sexuelle à laquelle ils ont recours pour pallier cette part d'eux-même à laquelle ils ne peuvent avoir accès autrement. Les fantasmes se trouvent de cette manière court-circuités, remplacés par un état de tension permanente qui attache les jaloux quasiment physiquement à celui ou celle qui suscite leur jalousie. Qu'elle aimât un homme ou une femme, c'est la jalousie qui, de la même façon, réveillait le désir érotique de Léa. N'est-il pas dès lors possible de postuler que la jalousie arrache celui qui en souffre à une sorte de mort à lui-même ? L'abandon de la solution de la jalousie est d'autant plus difficile que celle-ci a un effet « excitant » qui permet de lutter contre un affect dépressif. Nombre de jaloux avouent ainsi que les liens calmes les « ennuient » ; d'autres parviennent à susciter les mêmes constats chez leurs compagnes ou compagnons, de sorte que se crée une « association » à deux où la jalousie sert de ciment.

Pour exaltante qu'elle soit, pourtant, la jalousie n'est pas sans provoquer une excitation sexuelle et inquiétante qui rappelle celle que le tout petit enfant a autrefois ressentie sans l'intégrer et à laquelle se mêle une part d'angoisse. En même temps, elle maintient le jaloux en haleine, en attente d'apaisement, le conduisant à refuser avec la dernière énergie tout ce qui lui rappellerait les calmes plats de l'état dépressif. À force d'avoir été mise par sa mère à la place d'une sœur/servante asexuée et seulement spectatrice, Léa n'avait pas été sans connaître ces épisodes d'abattement.

Jaloux et jalouses ont-ils (elles) eu des mères qui, en excluant la sexualité de leur représentations et donc de l'imaginaire de leur enfant, leur ont donné à voir ce domaine comme un « *no men's land* » ? Paradoxalement, l'absence d'espace commun de représentation entre l'enfant et sa mère ou son père concernant la sexualité a le même effet de blessure de sa langue d'enfance qu'une intrusion abusive. Carence ou excès ont des effets d'envahissement, car c'est seulement dans une « bonne distance » à l'autre que peut être affrontée la solitude de chacun face au mystère de la sexualité. Or, souvent, alors même qu'elle est essentielle à la réappropriation par le jaloux ou la jalouse de la valeur sexuante de ses enjeux amoureux, la bonne distance « homosexuée » ne peut être élaborée.

Il existe chez l'être parlant un hiatus entre l'ensemble des fantasmes, identifications, langages et récits qui enrichissent son narcissime d'emblée « sexué » et l'exercice de la sexualité qui laisse chacun quelque peu seul. Dolto[1] voyait dans cette contradiction une source de fragilité. Il est vrai que, face à la solitude inhérente au désir sexuel, chacun est condamné à inventer seul les conditions par lesquelles il peut triompher de son angoisse. Cette conquête comporte nécessairement une dimension transgressive pour laquelle nulle autorisation n'est à attendre de quiconque, tout au contraire. « Quand l'enfant se ressent sexué, il se ressent comme un animal ; quand il parle, il se sent humain, mais de sexe indéterminé », écrit-elle[2]. Sans doute percevait-elle ainsi que le plaisir sexuel est à apprivoiser pour les deux sexes. Il paraît ainsi nécessaire de distinguer le « sexuel » et ses plaisirs de la façon dont l'enfant, par ailleurs, se ressent « sexué », appartenant à un sexe et non à l'autre.

Faute de fantasmes qui l'aideraient à « domestiquer » la sauvagerie de la sexualité, celle-ci reste pour le jaloux non domptée et donc terrifiante. Plus il est conduit à abandonner l'érotique et la valeur sexuante de son corps, plus il se déprime et plus il est jaloux afin de pouvoir mimer les plaisirs par une artificielle excitation.

C'est le caractère « non apprivoisé » de la sexualité qui fait souvent recourir aux images de l'animal. Cette figure qui à la

1. F. Dolto, *L'Image inconsciente du corps*, *op. cit.*
2. *Ibid.*, p. 160.

fois attire et fait peur permet à l'enfant des deux sexes d'en appeler à des représentations « sexuantes » actives. Grâce à la « sauvage » liberté qu'elles évoquent, nécessaires pour s'approprier le sexuel, l'enfant peut s'affranchir des évocations vides ou mortifiantes concernant l'érotisme. L'irruption du « chat sauvage » représentait la révolte de Léa contre l'obligation de réduire à rien son corps désirant. Pour la première fois, une représentation (le chat) condensait son lien à une mère aimante (le chaton qui a froid et qui veut être réchauffé), à une mère sexuée encore menaçante (le chat méchant qui pourchasse), mais non plus toute-puissante (il peut se retourner contre ses poursuivants), et enfin la sauvagerie rebelle à toute soumission du désir (le chat sauvage).

Ainsi, puisque seule une expérience intérieure de l'élan du désir permet de renoncer à ce dispositif de substitution qu'est la jalousie, on comprend que l'analyse de certains jaloux ou jalouses bute sur une impasse tant que c'est de l'extérieur – de leur amant(e)s, voire de leur analyste – qu'ils s'entêtent à attendre la reconnaissance de leurs chimériques prérogatives d'homme ou de femme. Bien plus que de pouvoir accorder au patient ces prétendus « droits » imaginaires, l'analyste, lui, peut néanmoins offrir un espace commun d'où la parole sexuée cesse d'être exclue et d'où le désir peut renaître.

Les lumières de l'analyste

Par un rêve, elle m'indiqua la renaissance d'un espace commun « homosexué ». Dans celui-ci, mon « intérieur » se mettait à ressembler à un magasin d'accessoires électriques ; face à son étonnement, je l'assurais que ces instruments « étaient bien utiles dans la vie ». En riant, toujours dans le rêve, elle corrigeait alors affectueusement mes propos en m'indiquant que « [mes] lumières lui étaient sans doute bien plus utiles ! ». Elle finissait par m'enlacer tendrement, abasourdie de sentir mon corps contre le sien « félin et souple », ébahie de sa « réalité ».

Le rire, dans le rêve, n'était-il pas le signe d'un plaisir partagé, et par là rendu acceptable entre deux femmes ? Les accessoires électriques évoquaient peut-être le souvenir des séances « électriques » que j'avais endurées avec elle, ils adressaient aussi un petit salut amusé et lointain à ses anciennes crises d'excitation rageuse. L'établissement d'un lieu d'échange entre elle et moi nourissait son espoir d'acquérir d'autres « lumières » que celles, en définitive fort peu éclairantes, de l'excitation de la jalousie. Léa témoignait par là de son intense aspiration à recevoir l'autorisation d'user « sauvagement » et librement, comme un félin, de son corps érotique de femme. L'évocation du côté « félin et souple » de mon corps, « senti » par elle à travers l'impression d'« étonnante réalité », témoignait d'une réappropriation d'un désir prédateur enfin lié aux signifiants de l'érotique féminine. Ce rêve peut se lire sur deux plans. D'une part, il témoigne de la conquête d'une relation heureuse à une femme en position de mère lui apportant ses « lumières » ; de l'autre, il affirme que la sexualité « féline » est joyeusement partagée par le rire, enfin qu'un désir d'homosexuation est satisfait, car, en serrant mon corps « félin et souple », c'est le sien qui avait conquis une « réalité ». Il est difficile de transmettre tous les émois qui traversèrent une telle séance, mais, quoi qu'il en soit, son corps avait cessé d'être « laid » ou « vide ».

Non seulement le jaloux se sert de la jalousie comme d'un « excitant », mais il ne dispose pas d'un grand arsenal de rêveries ou de fantasmes qui lui permettraient de voyager facilement au milieu de ses identifications féminines et masculines. Il est en arrêt dans une bisexualité non élaborée et la jalousie l'y maintient en suspens. Jaloux et jalouses, homo ou hétérosexuels sont ainsi logés à la même enseigne. Nos choix sexuels, quels qu'ils soient, obéissent en effet à la loi d'airain selon laquelle, par eux et à travers eux, nous cherchons à nous consoler, nous réparer, parfois nous blesser encore davantage et souvent croire franchir nos limites. Ils nous indiquent que toute sexualité peut être ainsi, du fait de sa dimension maniaque ou compulsive, utilisée dans le but de réparer des maux d'une tout autre nature. Il est illusoire en effet de croire que telle ou telle pratique sexuelle puisse construire un lieu où vivre en homme ou en femme, alors que cette identité relève d'une tout autre logique.

On appelle « homosexualité inconsciente primaire[1] » cet amour d'une fille pour le féminin de sa mère et de la mère pour le féminin de sa fille. Or cet amour met en jeu la façon dont une mère est femme, et donc aussi sexuellement désirante. S'il est patent qu'une fille se regarde d'abord dans le regard de sa mère et s'aimera de la façon dont elle (mais aussi son père) l'aimera dans et pour sa féminité, c'est toute l'érotique féminine ou le langage du corps « sexué » d'une mère qui s'exprime au sein de cette « homosexualité » entre elle et sa fille. Ce corps sexué commun n'avait pas pu être construit entre Léa et sa mère.

La jalousie perdant enfin sa fonction d'excitation indispensable pour suppléer à des identifications féminines mortifiées, Léa put cesser d'en faire le guide de sa vie. Assez spectaculairement, elle accepta de rencontrer l'ancienne compagne de son amante, la trouva charmante et agréable. Toute nécessité de contrôler les regards de celle qu'elle aimait avait disparu. La construction dans l'analyse d'un espace structurant avait été essentielle tant

1. J. McDougall, *Éros aux mille et un visages*, Paris, Gallimard, « Connaissance de l'inconscient », 1996.

pour la fin de la jalousie que pour la conquête du plaisir érotique qui fut pour elle une découverte. Que Léa connût ces joies avec un homme ou avec une femme importe peu en définitive. Seul compte pour un psychanalyste qu'enfin Éros ait cessé de porter « la livrée du chagrin[1] ».

1. *Hercules*, opéra de G.F. Haendel dont le livret a été écrit par T. Broughton, acte II, scène II, air : « Lorsque la beauté porte la livrée du chagrin, la douleur de la belle éveille en nous la passion. »

CHAPITRE IX

Les grondements de l'envie

Rien ne m'avait annoncé le cataclysme. Julia me parut ce jour-là comme à son habitude, courtoise et décidée, laissant peu de place à l'imprévu. « J'y penserai toute seule », me disait-elle souvent quand je lui suggérais quelque chose de nouveau. À d'autres moments, elle m'interrogeait avec méfiance : « Souvent je pense que vous gardez pour vous ce que vous pensez au lieu de me le dire. » Ces paroles n'étaient pas sans provoquer en moi un sentiment de malaise. Dans la vie ordinaire, il est impossible de « tout » dire. Mais on sait aussi qu'un psychanalyste s'impose, plus qu'un autre, d'écouter pleinement, sans cette réserve dont elle me suspectait, celui qui s'adresse à lui. Les mémoires inconscientes du patient trouvent ainsi leur chemin. Si je ne disais pas « tout » à Julia, c'est que je découvrais, en même temps qu'elle, le paysage de ses conflits. Et c'est elle qui, la première, s'empressait toujours d'oublier ce que je lui disais pour redécouvrir « seule » nos quelques avancées, souvent inspirée par quelque émission de télévision à caractère « psy », dont elle formait, avec d'autres, le public fidèle et assidu.

Heureusement, je pouvais m'appuyer sur quelques éléments tangibles de notre trajet analytique en commun pour ne pas me sentir emportée par l'incohérence de ses reproches. Dans une même phrase (sans que jamais la continuité de ces paroles ne lui paraisse contradictoire), elle pouvait m'accuser de lui faire perdre son temps, puisque je gardais toutes mes interprétations pour moi, puis conclure, reconnaissante, en insistant sur l'aide précieuse que l'analyse lui avait apportée. Elle manifestait ainsi en ces occasions une forme de clivage très déroutant. Julia ne pouvait pas nier que sa vie professionnelle fût sortie de l'impasse où elle se trouvait avant nos rencontres, ni que sa vie personnelle eût échappé, grâce à son analyse, à une forme d'exploitation où elle avait jusqu'ici été cantonnée. Aussi, bien souvent, se rendant compte de ce que ses propos sur ce que je « gardais » pour moi avaient d'étrange, se réfugiait-elle dans une autre chanson : « Vous faites tout et je ne fais rien ; je suis une assistée, je dépends de vous complètement, je ne comprends rien à ma vie. »

Un déferlement de rage

Ce jour-là, le ton vif avec lequel Julia commençait toujours ses séances laissa la place à une voix glacée. Submergée de colère, elle s'étouffe presque de fureur en prenant la parole. Elle « n'en a pas dormi de la nuit », s'exclame-t-elle, exaspérée, avant d'exploser en imprécations contre moi. Personne ne la comprend, s'irrite-t-elle : « Je fais tout dans cette analyse et je me ruine ! En plus je n'ai rien, je ne reçois rien de vous ! »

Puis, subitement, changeant de registre, dans un violent accès de rage que rien ne peut arrêter (mais je n'y songe pas), elle se met à hurler que mon bureau est « si grand, si grand… », rugit-elle littéralement, folle de rage ; « vous vous prenez pour qui ? », ajoute-t-elle en conclusion.

Essayant de me frayer un passage de silence au milieu de ses vociférations, je me risque à l'interroger sur ce qu'elle trouve à ce « bureau ». Dans la réalité, mon cabinet est d'une taille relativement moyenne, en aucun cas un « grand » bureau ! Elle répond à peine à mes questions – je sens d'ailleurs que tout rappel à la réalité la dérange –, préférant se remettre à vociférer de plus belle, affirmant qu'elle touche ainsi à un « tabou », qu'elle sait n'avoir pas à dire ce genre de « vérité » à son psychanalyste. Je l'assure alors avoir bien compris qu'elle veut me dire, sinon « la » vérité, du moins mes quatre vérités !

Tout en l'écoutant, j'essaye de continuer à penser malgré ses cris. Pourquoi trouve-t-elle subitement mon bureau si « grand » ? Julia ne s'était jamais plainte jusqu'ici d'une quelconque difficulté à trouver un logement à sa convenance, au contraire. Aurais-je mal compris ? M'aurait-elle dissimulé quelque difficulté financière ? Non, cela n'avait aucun sens. Provoquant ma culpabilité, son envie rageuse me faisait perdre l'esprit. Je me résolus donc à accepter telle quelle, dans les termes qui étaient les siens, l'énigme que ses propos suscitaient, sans tenter de résoudre trop vite le mystère.

Ce jour-là, face à cette jeune femme « hors d'elle », il me sembla qu'aucune des théories analytiques expliquant la destructivité envieuse ne pouvait me venir en aide ni me fournir des outils pour la ramener à elle.

Les limites des théories psychanalytiques de l'envie

Freud, qui n'a jamais démordu de l'idée que l'envie du pénis[1] domine la sexualité féminine, déterminant chez toute femme des sentiments d'infériorité, de jalousie vis-à-vis des hommes et de ressentiment à l'égard de sa mère qui ne lui aurait pas donné

1. S. Freud, *Abrégé de psychanalyse*, Paris, PUF, « Bibliothèque de psychanalyse », 1970. Freud soutiendra, jusqu'en ce dernier texte resté inachevé (1938), que « dès le début elle jalouse le garçon et l'on peut dire que toute son évolution s'effectue sous le signe de cette envie du pénis » (p. 64).

l'organe tant souhaité, n'aurait pas manqué de me faire valoir que ma patiente lui donnait raison. « Rien à faire, m'aurait-il dit, votre patiente, comme toutes les femmes, est occupée par la triade envie-hostilité-revendication, conséquence chez la femme d'une “envie du pénis” qui voue son destin à aller d'échec en échec et, au mieux, à s'accommoder sa vie durant du non-accomplissement de son seul rêve : “être comme un homme”. »

Peut-être, sensible au fait que je suis une femme, non pourvue dudit objet tellement envié, aurait-il ajouté : « D'ailleurs, ma théorie n'est pas fausse si elle vous envie vous, une femme ! En effet, elle vous met à la place de sa mère qui, à ses yeux, a gardé par-devers elle le “grand” pénis de son père (ce “grand” bureau qu'elle vous prête) de la même façon qu'elle vous reproche de garder par-devers vous les bonnes paroles dont vous la privez. Elle est pleine de ressentiment et de rage à votre égard puisque vous l'en privez. » Circulez, madame la « mère phallique », y a rien à voir…

Si je m'étais appuyée sur de tels présupposés pour comprendre Julia, j'aurais conclu qu'il n'y avait rien à faire pour elle. Pauvre femme, en effet, toujours spoliée comme toutes les autres, elle aurait eu bien raison de m'envier mon « grand-bureau-pénis ». Avec les mêmes prémisses, j'aurais pu lui montrer tout aussi bien que son envie n'avait aucun fondement ou que ses récriminations se réduisaient à des constructions imaginaires sans issue. Outre que je ne me résignais pas à la laisser ainsi seule avec sa souffrance de femme et de fille, sa colère retentissante m'empêchait de me reposer sur ces paisibles certitudes.

Me tournant vers Melanie Klein[1], j'aurais été rasséréné de

1. M. Klein, *Envie et Gratitude et autres essais*, *op. cit.* À ses yeux, c'est la fondamentale « créativité » du pouvoir maternel qu'attaquent les envieux des deux sexes. Furieux d'être frustré quand il a faim et qu'il s'aperçoit ainsi qu'il ne fait pas « un » à volonté avec le sein nourricier, le bébé dirigerait l'une de ses premières « pulsions destructives », l'envie, contre le « bon sein ».

constater qu'elle ne fondait pas l'envie sur l'observation « réelle » de la différence entre les sexes, mais sur l'attaque de la faculté « nourricière » d'une mère. J'aurais trouvé matière à penser que Julia, en effet, m'enviait ma capacité de l'aider (mon « bon sein »), puisqu'elle en oubliait si souvent les vertus ou qu'elle pensait que je gardais mes pensées par-devers moi, comme un sein méchant et frustrant qui veut garder son « bon lait » pour lui tout seul.

Par ailleurs, forte de la qualité de ses intuitions, cette grande psychanalyste m'aurait convaincue que, si l'envie conduit le bébé à *projeter* dans le sein de sa mère les « mauvais excréments, et les mauvaises parties du soi, afin de la détériorer et de la détruire[1] », Julia faisait de même. En effet, en déclarant se ruiner pour « rien » et en dénigrant les interventions de son analyste, ne *projetait*-elle pas dans notre travail commun le même discrédit (des excréments), ce qui avait pour seul résultat de réduire mes efforts à néant ?

Qu'aurais-je pu faire avec de telles conclusions ? Lui dire qu'elle se privait, en m'attaquant, de l'aide que je pouvais lui apporter ? Je n'aurais fait que décrire une situation en ayant l'air de l'en accuser. Tel n'était pas mon but. La théorie kleinienne ne m'aidait pas véritablement. Si elle décrit assez bien le phénomène de l'envie, elle fournit assez peu d'armes pour entamer le fantasme ravageur [2] qui s'y affirme. Toutes à leurs descriptions, fort justes au demeurant, de mécanismes complexes et en tout cas plus tardifs qu'elles ne le croient, les théories kleiniennes ne fournissent pas un levier véritablement dynamique pour sortir de la dévastation que l'envieux met en acte.

1. *Ibid.*, p. 18.
2. Adossée à la violence de l'amour maternel qui interprète ses besoins, la violence du nouveau-né est davantage une agressivité vitale qu'une *volonté* de remplir le sein d'excréments – non encore perçus comme tels par le nouveau-né – *pour* détruire son pouvoir créatif.

L'espace interne détruit

Le mot « grand » résonna de façon assourdissante. Je me sentais envahie de bruit, de l'éclat de ses cris, de ses réponses hurlées. L'accès de rage qui l'emportait faisait trembler les murs ; je redoutais qu'il ne se retourne contre elle, car je la sentais prête à se rompre comme un verre de cristal. Son « envie » de mon « grand » bureau était traversée par une violence meurtrière : plus rien d'autre n'existait ! Elle se mit à dresser une longue liste détaillée de ce que je possédais : j'avais tout, elle rien.

Une idée fit alors son chemin en moi, éclairant autrement la rage envieuse qu'elle m'adressait. Elle m'agressait par des remarques « tabou » en s'attaquant à mes objets, mes murs et donc aussi à mon « intérieur » et à mon corps ; ainsi, elle faisait en sorte de nous séparer imaginairement, puisque nous semblions nous repousser sous l'effet d'un aimant. L'envie me parut mettre l'accent sur un contact interdit et impossible entre deux êtres. S'agissait-il de deux femmes ou d'une mère et son enfant ? Il paraissait clair, en tout état de cause, que l'enjeu de son agression portait sur quelque chose qui était à la fois commun à toutes deux et qui, en même temps, n'était pas véritablement partagé, voire n'était pas partageable.

Julia « agrandissait » les limites réelles de mon bureau ; elle ne se contentait pas de les attaquer, elle les *déplaçait*. Son agression verbale me *montrait* l'instabilité des repères censés contenir nos rencontres : le périmètre de mon bureau. Je n'avais évidemment rien changé à mon bureau, et sa fureur pouvait sembler purement fantasmatique ; elle désignait pourtant quelque chose qui la rendait folle et que je commençais seulement à comprendre. En s'en prenant aux dimensions de *mon* bureau, Julia tentait de faire entendre combien *ses* propres repères avaient volé en éclats. Mon bureau subitement trop grand pour elle dénonçait la force dévastatrice que provoque la perte d'un cadre symbolique dans lequel on a vécu. Sa rage n'était donc pas seulement destructrice, elle montrait les impasses d'une situation intenable pour elle : la manipulation des repères de son identité par un tiers.

Nul être humain ne saurait vivre sans indications stables[1] concernant la place qu'il occupe dans le désir de ceux qui prennent soin de lui. La destruction, la manipulation ou la fluctuation de ces repères symboliques essentiels a un effet sidérant. Le langage qui sert à l'exprimer se trouve atteint. À la place des mots du langage parlé, des représentations spatiales[2] (qu'évoque le mouvement d'amoindrir ou d'agrandir un lieu) sont alors utilisées pour exprimer l'absence d'une protection symbolique. Appelant mon attention sur l'espace déformé de mon bureau, elle me rendait témoin de l'attaque dont ses propres soutiens avaient fait les frais ; elle en était perdue. Sa rage commençait à m'apparaître légitime. Contrairement aux apparences, Julia n'avait à aucun moment voulu prendre ou détruire fantasmatiquement mon bureau ; c'est une détresse sans nom qu'elle hurlait.

Mon « grand » bureau, c'était « elle » ; elle « attaquée », réellement « privée » de la seule nourriture dont l'humain puisse se

1. J. Lacan, *Le Séminaire, livre III. Les psychoses*, Paris, Seuil, 1981. Un système symbolique est un système de répérage stable : « l'Autre qu'on retrouve toujours à la même place, l'Autre des astres, du système stable du monde » (p. 86).

2. Les représentations spatiales (synchroniques) sont sans doute d'un acquis plus précoce que celle des mots et de la temporalité ; le sujet exprimerait ses émotions en régressant vers des représentations spatiales quand il est privé de certains acquis symboliques. Cela est en accord avec les acquis récents de la neurophysiologie. Cf. K. et M. Solms, *Clinical Studies in Neuro-Psychoanalysis. Introduction to a Depth Neuropsychology*, New York, Karnak Books, 2002.

repaître : la reconnaissance d'un don, d'une présence, d'un statut ! Mon « grand » bureau représentait sa place symbolique d'aînée (la plus grande), détériorée par un assaut dont j'ignorais l'origine.

Le tournant de l'analyse

Je lui fis alors remarquer qu'elle m'accusait de me « nourrir d'elle » en la ruinant, ainsi qu'elle en faisait le reproche à sa mère qui lui « avait tout pris » selon ses dires. Je lui rappelai son besoin de « penser toute seule » quand je lui proposais une interprétation nouvelle. Y avait-il quelque danger à penser en ma compagnie ? Allais-je empiéter sur ses prérogatives de « *grande* » et d'adulte ? « Pensez-vous, lui demandai-je encore, que je n'ai pas d'estime pour *vos* capacités de "*grande*" ou que je les minore de sorte que votre rage, faisant table rase de tout ce que nous échangeons réellement, vous semble la seule façon de vous affirmer ? »

« Je n'ai pas le droit de parler de ça ! », s'écria-t-elle alors d'une voix terrifiée. « C'est tabou, interdit ! — Pas le droit de parler de la défaillance ou de la violence de votre mère à votre égard ? Pas le droit de parler de vous et d'elle confondues dans votre rage comme vous le faites avec moi ? », lui dis-je, en réponse à son effroi, face à ces pensées « tabou ».

Julia s'apaisa alors : « Je ne sais pas ce que j'ai, j'ai des choses moches dans la tête, des choses qui clochent. Je vois ma mère riant quand je me suis aperçue qu'elle était enceinte. Sa grossesse était déjà très avancée, elle riait, riait, riait de ma surprise. Elle ne m'avait rien dit. Avant, elle comptait sur moi pour tout, elle avait peur de mon père. J'étais son mec, sa fille, sa mère.

J'étais *sa* grande, elle m'appelait "*ma* grande". Après cet événement, j'ai été dans le vague. Ma sœur cadette ne me voit pas comme sa grande sœur. Je crois que ça a commencé à ce moment. Oui ! ça me revient, c'est ma sœur cadette que ma mère a commencé à appeler "*ma* grande" après cette naissance. Je crois qu'elle ne comprenait rien à la vie. »

L'envie de Julia à l'égard de mon bureau ne visait pas ce que je lui apportais de « bon », mais clamait un besoin de reconnaissance que mon regard seul pouvait lui apporter. En un message inversé, elle m'enlevait ce dont elle s'était elle-même dépourvue. Son envie n'avait pas pour cause des « pulsions destructives » primitives, elle était la conséquence d'une privation symbolique. En dépit de la destruction des liens à laquelle procède l'envie, ce monde abîmé, en se *montrant* à un tiers, attend une parole de légitimation.

Tant qu'aucun de ses interlocuteurs ne lui adressait cette reconnaissance essentielle dont elle avait été privée, Julia était condamnée à revivre sa blessure traumatique. Le « grand » bureau qu'elle me prêtait manifestait le désir d'avoir un lieu intérieur où elle se sentirait « au large » et à partir duquel elle pourrait nouer des échanges avec les autres. Elle cherchait désespérément à faire entendre et reconnaître cette détresse restée muette et incomprise.

L'envie, réaction d'urgence à l'annonce du désastre ?

Julia énonçait certes combien elle avait souffert du désinvestissement de sa mère à son égard. Plus profondément, elle nous mettait sur la piste d'un grave effondrement de son identité. « J'ai été dans le vague », disait-elle à ce propos, sans se douter de la gravité de l'état dans lequel cela l'avait plongée. Ses capacités de symbolisation débordées, elle n'avait pu faire face au rire insensé de sa mère. Elle avait donc subi une véritable mutilation de la signification du désir de sa mère à son égard, signification pourtant vitale pour elle, car elle donnait sens à son existence. Le mot « grand » condensait[1] beaucoup d'enjeux ; certains concernaient sa place dans la fratrie (les plus jeunes avaient contesté sa position d'aînée), d'autres sa relation à sa mère.

Petite, elle avait en effet imaginé être « tout » pour celle-ci, puis elle avait brutalement découvert que cette femme n'en avait aucun souvenir. Par ailleurs, elle avait bien dû constater que son père occupait une plus « grande » place qu'elle dans la mesure où il était capable, lui, d'« agrandir » la famille. L'on s'attendrait à ce que Julia, d'avoir ainsi été évincée de sa position, ait souffert d'une simple jalousie. Le dramatique anéantissement de son identité nous contraint à envisager d'autres données.

Afin de survivre aux défaillances de sa génitrice, Julia était devenue trop rapidement une « grande » et surtout avait dû se doter, prématurément, de moyens d'adulte pour survivre. Ses « murs » de protection s'étaient donc « agrandis » afin de parvenir à vivre en abritant sa mère dans son giron de petite fille. Si Julia enviait quelque chose, ce n'était donc pas mon « grand » bureau, mais bien plutôt « toutes ces choses de grande » dont elle s'était pourvue pour venir en aide à sa mère, et qui avaient été balayées par l'incapacité de celle-ci à les reconnaître. Elle enviait ce dont elle s'était pourvue avant d'en être dépossédée. En hurlant sa souffrance de n'avoir aucun espace symbolique

1. Les différents enjeux du mot « grand » cessent d'être distincts ; toutes ces significations sont coagulées par la faille structurale que représente la disparition d'un appui identitaire ; entre le sujet et la jouissance qui le détruit, il n'y a plus de séparation.

(où chacun est reconnu à sa place) commun entre elle et moi, elle manifestait, à corps et à cris, sa soif[1] d'en posséder un.

L'envie, haine furieuse ici, froidement meurtrière ailleurs, se déclenche quand un fantasme essentiel est anéanti. Un tel fantasme est fondamental, car, en s'interposant entre l'enfant et ses terreurs, il permet à un sujet de se doter de moyens de lutte pour pallier les déficiences de son entourage. Par ce fantasme, les expériences de la vie sont organisées et ont un sens. C'est cette construction vitale pour elle qui avait été détruite par le rire puéril de sa mère. Privée de cette position identitaire indispensable, Julia avait perdu toute consistance, elle restait sur le carreau, effondrée, « dans le vague », elle n'était plus rien ni personne.

L'envie et la jalousie

Au lieu de continuer à nouer des échanges féconds avec les autres, l'envie cristallise ses attentes sur un objet inerte et désincarné, ici un « bureau », véritable ombre portée de l'anéantissement qui l'avait affolée. Plus aucun partage d'espace ou d'intérêt communs n'est désormais possible. L'envieux ainsi démuni contemple avec d'autant plus de rage et d'amertume l'autre rive, « Éden » dont il est séparé et où se trouvent, à ses yeux, « tous » les biens. Sa revendication projette ce dont il croit manquer dans un monde à jamais inaccessible qui dès lors est pourvu de « tout ». C'est l'envie de Julia qui m'instituait « inhumaine » dans mon « grand » bureau, et non un quelconque objet désirable en

1. D.W. Winnicott, « Critique du concept d'envie chez M. Klein », *La Crainte de l'effondrement et autres situations cliniques*, *op. cit.*, p. 337-370. L'auteur y compare l'envie au supplice de Tantale, mais sans préciser réellement la nature de la soif.

ma possession. Ce faisant, elle se coupait de moi et ôtait ainsi toute efficace aux moyens dont je disposais pour l'aider. « Vous vous prenez pour qui ? », m'avait-elle lancé, oublieuse de tous mes efforts envers elle et considérant que je n'appartenais pas au même « monde » que le sien.

L'envie survient à la suite d'une réaction de défense fondée sur l'amputation d'une partie de soi devenue source d'un insoluble conflit d'identité. On comprend ainsi pourquoi ce moyen de défense est si aliénant, plus profondément régressif et plus figé que ne l'est la jalousie.

À la différence du jaloux qui souffre mille maux, l'envieux, en déniant avoir jamais possédé des armes symboliques essentielles, étouffe et bâillonne la douleur [1]. Déchu du sens de son existence, il veut faire subir à un autre le même sort ; ainsi, sa convoitise n'a d'autre but que de ravaler l'envié au rang de vulgaire « chose ». Instrumenté par une volonté étrangère qui a endommagé un fantasme vital, l'envieux met en œuvre une résolution identique : dégrader la force instituante d'une parole. Il s'efforce de chosifier les liens. Par ce biais, il peut continuer de dénier ce dont il se dépossède, en un véritable cercle vicieux. Pour confondre l'objet convoité et celui qui le détient, l'envieux se doit de simplifier à outrance leurs liens. Ainsi, le choix (longtemps déconcertant à mes yeux) de mon « grand » bureau comme objet de convoitise revenait à effacer la qualité de notre travail commun.

Longtemps considérée comme la passion même de la haine [2], l'envie est catastrophique et, dans une certaine mesure, com-

1. Ce déni l'exproprie en même temps radicalement de ses moyens d'action, projetés sur d'autres qui attirent pour cette raison sa haine. Ces instruments symboliques apparaissent alors chez l'envieux sous une forme dénaturée.

2. O. Le Cour Grandmaison, *Haine(s). Philosophie et politique*, Paris, PUF, 2002, p. 255.

parable à l'autisme. Julia ne nous plaçait-elle pas ainsi dans deux mondes différents et imperméables l'un à l'autre ? La haine de l'envieux constitue sa carapace autistique[1], il en devient inaccessible, froid et inhumain. La réalité est dès lors glacée dans une sorte d'atemporalité. Aussi affirmera-t-il volontiers que son envie est suscitée par d'indiscutables « états de fait » présents de toute éternité. Il ne veut rien savoir de l'espace commun qui le lie aux autres parlêtres et qui se dessine pourtant en creux derrière l'objet de sa convoitise. Ainsi mon bureau était-il devenu en un instant « indiscutablement » trop grand.

Plus tardive que la jalousie, l'envie prend place chez un sujet déjà en partie constitué, capable de faire des opérations psychiques complexes. Entraînant toutes sortes de réponses régressives, l'envie a été confondue avec elles ; ce repli sur des positions figées a paru être synonyme de précocité. Il n'en est rien. L'être qui appauvrit sa position subjective en payant le coût d'une telle défense n'est pas pour autant redevenu un « petit » ou un nouveau-né.

Enfermée dans sa haine envieuse, Julia aurait pu continuer à être indéfiniment divisée, condamnant notre rapport à l'instar de tous les autres ; ses liens amoureux et amicaux inexplicablement endommagés par le passé auraient nourri davantage encore son amertume si elle avait continué à dénier ce qui l'avait rendue « folle ».

1. F. Tustin, *Le Trou noir de la psyché*, Paris, Seuil, 1989. La capsule autistique vise à protéger l'enfant autiste de terreurs encore plus grandes.

Une clôture de l'espace de partage

En larmes, Julia se mit à évoquer les incessants changements de la règle du jeu familiale. Aînée dont on exigeait tout avec l'accord d'une mère elle-même complice, elle devait endurer les colères de son père pour protéger « les autres », dévouement lui-même uniquement payé de retour par l'ingratitude et les moqueries de l'ensemble de la famille. Ainsi s'esquissait le paysage des trahisons quotidiennes dont elle avait été l'enjeu. Ses larmes témoignaient du fait qu'elle ne déniait plus ce dont elle avait souffert. Les failles d'une mère immature n'avaient pu être identifiées comme telles en leur temps et avaient été entendues du lieu de l'enfant comme l'exercice sauvage d'une toute-puissance ingrate et arbitraire.

Auparavant, Julia avait trouvé, pour survivre, une position où elle était « plus grande » que sa mère, répondant de cette manière à un appel de celle-ci en même temps qu'à une nécessité intérieure. Agressée par la suite dans cette position, réduite à rien, moquée comme si elle « avait tout inventé », elle avait déchu d'une position qui lui permettait jusqu'alors de tenir debout et de « grandir ». Ses rages envieuses étaient directement liées à la violence qui l'avait contrainte à sacrifier (en l'expulsant hors d'elle-même après l'avoir dénié) le fantasme identitaire essentiel par lequel elle jouait le rôle de « grande » de sa mère. Elle y avait renoncé sans contrepartie.

La modification arbitraire du cadre spatial de mon bureau s'éclaire de l'évocation des changements de la règle du jeu familiale. Le périmètre changeant de mes murs devenait la métaphore du non-sens dans lequel elle avait été plongée. « Si jamais rien n'est stable et que tous les repères se dérobent en permanence, je ne peux s'appuyer sur rien ! », criait en elle-même une détresse inconnue. Égarée dans sa rage destructrice, Julia n'entendait pas dans ses cris son propre désarroi.

Quand elle consentit à lever son déni et à intégrer cette part d'elle-même en reconnaissant qu'elle s'était dotée des moyens d'une « grande » pour survivre, elle se saisit de notre lien pour exprimer et restaurer la blessure atroce de ce fantasme qui avait, dans son enfance, donné sens à son rapport au monde avant de s'écrouler. « Personne ne peut plus m'enlever ni ce qui est *à* moi, ni ce qui est *en* moi, ni ce qui *est* moi », s'écria-t-elle alors. Non, personne ne pouvait plus la déposséder des moyens d'exister qu'elle avait forgés, reçus et fait siens.

Dès lors, puisque je n'étais plus la seule à détenir les instruments symboliques de « grande » capable de l'aider par mon métier, nous pûmes partager un espace commun. Ma présence n'étant plus si dangereuse, elle devint en mesure de réfléchir *avec moi* à ses vraies attentes. Nous nous battîmes, *ensemble* cette fois, contre les « choses moches dans la tête », ces irruptions de chaos et de jouissance où son identité propre était perdue. Elle modifia de fond en comble sa vie professionnelle et prit en compte ses propres capacités, jusqu'alors, elles aussi, déniées en elle et enviées chez ses collègues de travail. La gratitude est le signe, selon Melanie Klein, que le « bon objet » est sauvé et que les clivages nécessaires pour le protéger ont moins de nécessité ; ne survient-elle pas quand un espace symbolique commun a pu voir le jour, comme ce fut possible lorsque Julia m'eut enfin acceptée et reconnue à ses côtés ?

Il est aussi très déroutant pour un analyste que soit combattu avec autant d'acharnement l'élan qu'il veut donner à son patient, alors que celui-ci est précisément venu pour recevoir de lui ce don symbolique. Force est alors de reconnaître qu'en aucun cas *donner* ne peut suffire tant que *l'espace du don* n'est pas créé. C'est cet espace symbolique que l'analyse restaure, la distinguant de toute autre thérapie privilégiant la rééducation d'un « comportement », l'oblativité immédiate, ou toute autre « thérapie par l'amour ». L'envie témoigne du fait qu'un espace symbolique est blessé, l'espace du don. Ainsi apparaît-elle moins comme une *pulsion* que comme une *défense* aliénante et régressive.

Contrairement à la jalousie, qui est une douleur sans cesse renaissante, l'envie tend à éradiquer une douleur qui ne peut être contenue ni tolérée. De cette façon, l'on croit s'épargner de souffrir. En se dépouillant de moyens de faire face à sa détresse, sans doute l'envieux est-il soulagé dans l'immédiat, mais, s'étant radicalemement coupé de lui-même, l'amertume le taraude de voir les autres jouir de liens moins figés que les siens. Il est ainsi acariâtre, sans en connaître la raison. Il ignore qu'il a été obligé de recourir à une telle défense pour faire face à l'effondrement d'une position qui lui permettait d'être actif et acteur de sa vie.

Aller à sa rencontre implique de pouvoir aller sur le terrain de son monde détruit, de l'y rencontrer et de l'en arracher. À la force du poignet, certes, mais en comprenant que le monde symbolique détruit qu'il nous inflige en « chosifiant » dangereusement tous les liens nous appelle à habiter un moment avec lui l'espace de son désastre. Alors, on retrouvera en lui les traces d'un sujet en perdition qu'il s'efforce d'effacer.

CHAPITRE X

Des pères, des fils, et de quelques fleurs

On exerce une contrainte à l'encontre d'un autre à la hauteur du manque de liberté que l'on ressent soi-même. N'en serait-il pas de même de la jalousie entre les sexes ?

Les fleurs scandaleuses du désir

Fabrice ne prêtait attention à rien dans mon bureau et, quel que soit le sujet abordé, me parlait d'un ton passablement indifférent. Ses seules plaintes concernaient son supérieur au travail, homme irrascible comme son propre père, « dur et froid » comme lui et avec lequel il entretenait des relations de soumission et de sourde révolte. S'étant mis à boire seul depuis peu, il avait préféré demander de l'aide plutôt que de s'enferrer dans un alcoolisme qui lui rappelait son adolescence triste et solitaire, marquée par de longues échappées dans les fumoirs d'opium.

Appointée pour l'écouter, j'étais réduite à une fonction, et lui-même était le patient de dix-huit heures trente, un point c'est tout. Il s'esclaffait quand je l'invitais à prêter attention à cette curieuse forme d'anonymat dans lequel il me confinait. « Pour quoi faire, pourquoi s'interroger là-dessus ? », répliquait-il alors, inaccessible à la violence sourde que je subissais par ses soins. On aurait pu penser que ce patient développait des phénomènes obsessionnels assez communs et que le côté « désaffecté » de sa vie, dont son analyse pâtissait, n'avait rien que de très ordinaire.

Un jour, cependant, son regard s'arrête sur le bouquet de fleurs posé, comme à l'habitude, sur la table de mon bureau. Étaient-elles cette fois-ci plus nombreuses, plus colorées ou plus odorantes ? Je ne sais. Fabrice s'étonne de les voir, m'interroge sur leur présence, s'enflamme de fureur en apprenant qu'elles ont toujours été sous ses yeux alors qu'il les aperçoit seulement pour la première fois. Il semble offensé. Scandaleusement insouciantes de lui, elles ont pris la liberté d'exister sans son aval. Qui plus est, elles se laissent contempler par moi, par d'autres, avec des inconnus, indépendamment de lui et sans lui. Il est surpris par l'irruption d'un monde qu'il ne maîtrise plus : « Mais vous êtes folle de ces fleurs ! », s'exclame-t-il inquiet. « Nul ne sait où s'arrête la folle liberté de désirer », avertissait son effarement.

Bientôt, il tournera mes bouquets en ridicule et imaginera qu'un patient particulièrement mécontent m'offre des fleurs en guise de paiement. Au moins, lui fis-je remarquer, en paroles et en pensées, lui ne m'envoie pas de fleurs ! À son petit rire étouffé, je vis que j'avais touché juste. Il se mit à clamer son mécontentement contre moi, contre son père, contre son « supérieur », contre « tous ceux qui se permettent de m'entuber », affirma-t-il haut et fort.

Au-delà de ces pensées persécutives s'exprimait une véritable colère panique contre toute « effraction » venue déranger son monde bien organisé. L'irruption de quelques banales fleurs avait-elle suffi à mettre en péril la construction de sa vie étriquée ? Les limites « obsessionnelles » de cet homme révélèrent ainsi à cette occasion, sous leur rigidité inflexible, les incroyables fragilités sur lesquelles elles étaient fondées. Ses difficultés avec ses supérieurs voilaient un vide.

Fabrice n'envoyait de fleurs à personne, n'aimait pas grand-monde, vivait assez solitairement et affirmait haut et fort ne pas en souffrir. Nul ne trouvant grâce à ses yeux, il se sentait justifié d'avoir à ne séduire personne ; or le désir de plaire est un pont lancé d'une rive sexuée à l'autre. Les femmes incarnaient pour lui une imprévisible source de désagréments, aussi avait-il renoncé à leur plaire. Quant à ses liaisons, il n'aimait pas « les prolongations », disait-il à leur propos, et quittait « ses » femmes sans plus de regret une fois la relation hâtivement « consommée ». À ce que je pouvais en juger, il laissait percer une discrète mais réelle satisfaction à les rendre jalouses lorsqu'il les délaissait. Suscitant leurs affres, était-ce leur « féminité » que, selon Michèle Montrelay, il aurait aimé « mettre à nu par la jalousie[1] » qu'il provoquait chez elles, afin de mieux « la circonscrire, [...] lui donner une sorte d'existence et [...] s'identifier à elle[2] », lui qui en était dépourvu ?

Jusqu'à cet événement, je n'étais pas bien sûre que ce « célibataire endurci » ait vraiment mérité les efforts que je lui prodiguais et que mes « prolongations » en vaillent la peine ! Les fleurs de mon bureau ouvrirent opportunément une brèche dans sa décourageante carapace. L'abandon de sa mère à l'âge de cinq ans (elle aurait préféré « sa carrière », lui avait-on dit) justifiait à ses yeux son indifférence et son désir de vengeance à l'égard des femmes. « Vous, les femmes, vous cachez bien votre jeu », aimait-il à répéter. Les fleurs aussi cachent bien leur jeu, pensai-je. Mes bouquets avaient envahi son espace et bouleversé son austère équilibre. Il avait suffi de quelques fleurs pour forcer le repli de

1. M. Montrelay, « Les femmes qu'on jalouse sont toujours blondes », in M. Chapsal, *La Jalousie*, Paris, Fayard, 1977, p. 159.
2. *Loc. cit.*

Fabrice dans ses frontières rigides. Sans doute évoquaient-elles pour lui mon altérité sexuée, « un peu folle ».

La jalousie du féminin

Le monde féminin associé à ces fleurs devint dès lors l'objet d'intenses interrogations. Qui me les envoyait ? Un amant, un mari ? D'une semaine à l'autre, il ne se privait pas de comparer les bouquets, il en riait s'ils n'étaient pas assez fournis, s'en gaussait avec une virulence toute particulière quand ils étaient abondants. Il m'ôta tout doute sur sa ferme jalousie à l'égard d'un rival le jour où, convaincu qu'aucun amant n'aurait eu la constance de renouveler mes fleurs avec autant d'assiduité, il me fit l'aveu de sa satisfaction à la pensée que j'étais seule à me pourvoir en fleurs. Son soulagement fut de courte durée.

Où trouvais-je des fleurs si étranges ? Comment y pensais-je toutes les semaines ? Il se surprit à guetter le changement des saisons, de mes goûts, de mes lubies florales. Il aurait aimé, avoua-t-il un jour, mettre des fleurs dans son propre bureau, « cela fait bizarre pour un homme, non ? », pensait-il, « n'allait-on pas [le] prendre pour un homosexuel ? » L'analyse avait certes repris des couleurs, mais je me mis à redouter le moment où je renouvellerais mon bouquet, me sentant constamment surveillée et mise à nu. J'avais voulu ne plus seulement « faire partie du décor ». J'avais gagné : il ne me quittait plus d'un œil !

Il avait à cœur de contrôler ma « frivolité », ma « folie », mon « désir », tous trois identiques à ses yeux ; une sourde violence grondait à cette occasion. Effrayé mais attiré par tous ces aspects de ma « féminité », il semblait en proie à un véritable supplice de Tantale devant elle. Assoiffé mais contraint de se tenir à distance d'une source à portée de main, il ne lui restait plus alors qu'à la dénier et à la rejeter, d'où la haine jalouse que cet homme dirigeait contre mes fleurs et contre moi.

Mes bouquets lui évoquaient aussi les humeurs changeantes qu'il attribuait à toute femme, et à sa mère en particulier. On l'avait éloigné d'elle « pour son bien », lui disait-on dans sa famille paternelle. Jusque-là nous en étions restés à l'héroïsme de ce père qui l'avait élevé seul, « à la dure », avec l'aide de la grand-mère, et à la chance qu'il avait eue de grandir loin d'une femme exclusivement soucieuse de sa carrière, voire « folle » aux dires de son entourage. Telle était la version du roman familial qu'affichait le discours de Fabrice et qui, à l'occasion d'un brutal effondrement, chancela.

Retrouver les couleurs de l'amour d'une mère

Ayant orienté depuis peu son activité professionnelle vers le commerce de tableaux, il s'attardait souvent, quand mes bouquets ne faisaient pas l'objet de ses commentaires, dans la description de certains d'entre eux qu'il appréciait plus particulièrement. Les tableaux à caractère floral avaient sa prédilection. Fabrice cherchait-il à exprimer ainsi son besoin de « coller » à mes goûts pour me séduire ou bien son angoisse à l'idée de se séparer de moi ? L'accélération du débit de ses éloges quand approchait le temps venu de renouveler mes bouquets m'évoquait l'image d'un enfant angoissé qui plonge dans les jupes de sa mère pour la retenir un moment de plus.

En se livrant ainsi à la description minutieuse de mes fleurs, il me donnait l'impression, tel un peintre, lui dis-je, de vouloir les fixer pour l'éternité sur un support plus solide et moins changeant que les « toiles » éphémères de nos séances. « Je n'entends plus vos paroles, hurla-t-il alors, elles font du bruit dans ma tête. » Puis il ajouta, pris de panique : « L'air se coupe en deux, est-ce la peine de vivre ? »

En l'entendant parler de « bruit », je pris la mesure de l'intensité de son effroi, qui allait bien au-delà d'une banale crainte de « séparation ». Peut-être n'avais-je pas été attentive à un léger mouvement contre-transférentiel quelque peu phobique de ma part devant son brûlant désir d'humer ma féminité de trop près. Il me montrait combien il était sensible au moindre de mes retraits. Son angoisse était telle que le langage perdait tout sens. Il était en proie à une si grande épouvante que son lien avec moi et avec les mots était détruit, « coupé en deux ». Le désespoir de ne plus être attaché à personne ôtait tout sens à la vie. Ma remarque, tel un archéologue dont la pioche heurte dans la terre un objet à la présence insoupçonnée, avait mis au jour une intense terreur.

« Derrière l'adulte qui scrute mes bouquets, il y a l'enfant effrayé d'ignorer si, comme mes fleurs, je resterai la même à chacune de nos rencontres ou si j'apparaîtrai changée, aussi différente et imprévisible qu'elles. Cet enfant en vous, oublié de tous, parle aujourd'hui pour nous dire qu'il ne sait plus où il en est lui-même quand il est seul ou qu'il retrouve sa mère après chacune de ses absences, » lui dis-je alors.

Par l'usage de l'expression « l'air coupé en deux », il m'avait signifié qu'un gouffre nous séparait. Mes paroles réussirent à jeter un pont entre les deux bords du précipice. Il me répondit plus serein : « Avez-vous parlé d'*étoiles* tout à l'heure ? » Loin de comprendre, je me demandais cependant si nous partagions à nouveau une même condition, qui cessait de ce fait d'être aussi effroyable. « On m'a dit que ma mère était partie parce qu'elle avait voulu être une étoile de l'opéra. Je ne savais pas ce que cela voulait dire. Je regardais longtemps le soir le ciel pour la retrouver. C'était une étoile filante, oui ! Elle venait me voir et filait très vite dans de belles robes de toutes les couleurs. » En lui proposant l'image des « toiles » changeantes qu'étaient nos séances, je ne savais pas qu'il allait tomber dans un précipice où le sens des mots et de la vie déjà s'était abîmé.

Obligé de s'amputer de son aspiration à rester en lien avec sa mère pour se conformer aux diktats de son père, il s'en était « guéri », mais au prix d'une grave mutilation du sens de son existence. Il n'était jaloux de ma féminité qu'à la hauteur de ce dont il avait été privé. Si le terme « étoile » renouait le contact avec sa mère, celui de « toile » désignait ce qui restait après l'amputation de cette attache. S'étant identifié en un instant à un mot mutilé, l'expression « les toiles » le replongeait dans un monde sans parole. Mes fleurs, symbole des « couleurs » maternelles, avaient longtemps été réduites à rien en raison de l'interdit d'y penser. Peut-être les robes colorées de sa mère se retrouvaient-elles dans leurs « corolles » variées et multiples ?

« En scrutant les étoiles, j'avais imaginé, quand j'étais enfant, que la lune était un médaillon dans le ciel, qui montrait à moi seul la photo de ma mère. Sur la face cachée de la lune je pensais qu'il devait y avoir le visage d'un mort. Quand j'ai revu ma mère, une fois, son visage était changé, bouffi, bizarre, une lune, oui… un visage de lune », me dit-il, un peu plus tard. Nous pûmes alors remonter le fil de la vérité de cette femme. Gravement déprimée (sa dépression et les antidépresseurs lui avaient donné ce « visage de lune »), elle avait lutté pour garder son fils, mais avait été écartée par la famille paternelle enchantée d'avoir un héritier. L'origine de sa mère était une offense et une honte pour cette famille. Fabrice avait été littéralement rapté par son père et les siens au prétexte de la fragilité de cette femme, décrite à l'enfant comme « inconstante », « versatile » et « déséquilibrée ». En vérité, ils avaient poursuivi ainsi, au sortir de la guerre, une forme de « nettoyage ethnique ». Elle avait depuis regagné son pays d'origine sans plus donner de nouvelles. En retrouvant sa trace, Fabrice put corroborer nos hypothèses. Et la face « cachée » de la lune cesser d'être le visage de quelqu'un dont on efface les traces.

En raison de l'interdit exercé par son père, il avait été obligé de désinvestir ce lien maternel et maternant ainsi que sa valeur symbolique. Pour parfaire le tableau, privé de l'espérance de rétablir un pont entre sa mère et le monde paternel, il s'était employé à ne pas devenir une « femmelette ». C'est un semblant de masculinité qu'il avait tenté d'édifier, imitant des valeurs « héroïques » paternelles et bâtissant sur la dévalorisation et l'éradication du féminin maternel, autant dire sur du néant. Quand un enfant, confronté à des énigmes angoissantes, ne sait pas si son effroi est justifié ou non ou qu'il perçoit une haine incompréhensible envers un proche aimé, il perd sa propre identité. Fabrice s'était ainsi senti devenir « une étoile filante » devant les signes d'une haine incompréhensible à l'égard de sa mère, car c'est son être qui se « coupait en deux » et en quelque sorte « filait » entre ses doigts.

Mes paroles avaient réveillé en lui une violente déchirure, insurmontable et douloureuse. Le cri par lequel il me rendit témoin de cette catastrophe intime lui permit de sortir d'une expérience subjective jusqu'alors vécue dans une solitude abyssale. Une violente fracture symbolique redoublait l'intensité de la perte réelle de sa mère. Animé d'une légitime jalousie à l'égard de mes bouquets, il contemplait à travers eux l'énigme insaisissable que j'avais fini par incarner. Sa jalousie à l'égard de mes fleurs avait été un bienfait : un être spolié de ses propres « fleurs » avait pu ainsi se rappeler à nous.

Davantage assuré et rassemblé depuis qu'il n'avait plus lieu d'irréaliser son effroi devant ses attentes à l'égard du « féminin »,

Fabrice entreprit d'affronter plus durablement un lien avec une femme. Je l'écoutais, intéressée par ses nouveaux émois, évoquer le parfum enivrant de sa nouvelle compagne, le trouble qui s'emparait de lui quand son corps s'ouvrait à lui telle une « corolle » épanouie, l'angoisse qui l'étreignait à la pensée de se perdre dans un plaisir sexuel trop intense, trop nouveau, trop différent de ce qu'il connaissait jusqu'ici.

Faire voler en éclat les carcans du désir

Subitement, mes fleurs cessèrent de lui plaire. Depuis quelque temps, m'avoua-t-il, une envie l'habitait de me jeter le vase à la figure, de le casser et surtout d'en piétiner les fleurs dont je le remplissais trop régulièrement à son goût. Avait-on affaire à un sursaut de jalousie ? Tout portait à le croire, à l'entendre ajouter en guise de conclusion à son accès de colère : « Même si le monde s'effondrait, vous seriez encore préoccupée uniquement de vos fleurs ! »

Ce n'était pourtant pas un cri de jalousie. Il n'était plus (comme il l'avait été) un vase brisé en attente de bouquet, privé des fleurs de l'attention d'une mère indifférente à son « monde effondré ». Les deux éléments, vase et fleurs, existaient désormais liés l'un à l'autre dans un fantasme, en une « rencontre » paradigmatique de toutes les autres et de tous les liens (entre un homme et une femme, une zone érogène et le stimulus qui l'excite, etc). Il ne pouvait aimer « librement » la liberté du désir de l'autre sexe tant qu'à l'intérieur de lui une faille brisait sans relâche ses élans vers le monde. Débarrassé de ce clivage interne, il n'était plus obligé de « coller » aux semblants d'identifications masculines ou féminines sur lesquels il s'était jusqu'alors appuyé, et pouvait se risquer à les « tuer ». Animé d'une saine colère qui ne le terrassait ni ne le « brisait » plus, il ne me demandait ni de recoller les morceaux à tout prix comme une trop « bonne mère » ni d'être « jalouse » à mon tour de sa liberté.

Avoir envie de rompre un lien, fût-il bienveillant, est aussi une façon de se mesurer à lui, de le reconnaître, de le faire sien. Cette appropriation ne se fait pas sans violence. Je le lui dis. Il voulait être libre d'aimer ou pas et seul à en décider. Il voulait affronter seul le défi de l'amour ; à ce titre, son analyste était « empoisonnante » par sa seule présence bienveillante. Il avait besoin de « briser » tout seul la part de non-sens angoissante que représente toujours l'autre sexe pour décider de l'aimer. Face à la mort nous sommes seuls, face à la sexualité aussi. Nous devons tous à un moment ou à un autre affronter notre solitude face à l'étrangeté de ce réel. Fabrice cherchait ainsi à mettre à l'horizon de son désir une solitude non plus subie, mais assumée. En articulant cette dimension irrémédiable de l'existence humaine au jeu du désir, il nous devient possible de l'alléger. Le couple des amants se rit de la mort et de la solitude à condition que chacun consente à jouer sa partition pour l'autre.

Peu après, il me dit qu'à l'issue de cette séance il était resté songeur plusieurs heures, assis sur un banc dans un square, songeant à son amante, troublé « comme si une grande émotion le submergeait ». Dans l'élan même où je reconnus sa soif de solitude et de liberté, il redécouvrit le charme insaisissable du désir féminin. Autorisé à briser le vase d'emprise et de haine à l'égard du maternel, il conquérait aussi désormais le droit de casser cet emblème féminin pour s'en emparer symboliquement. Pour cela, il convenait que je ne sois pas « brisée » par ce désir de liberté, ni non plus jalouse.

Ce que la profonde jalousie de Fabrice nous enseigne vaut-il pour l'ordre patriarcal dans lequel nous vivons ? Identifiant le « féminin » à l'« enfant », à l'« étranger », au « pauvre » ou encore au « sans domicile fixe », l'ordre dominant les fabrique « sans visages[1] » et les assigne d'autant plus facilement à des figures fixes, rigides et aisées à exclure. Aux yeux de beaucoup, la domination masculine[2] est le produit d'un effort des hommes pour surmonter et compenser leur jalousie à l'égard des moyens de reproduction[3] de l'espèce dévolus aux femmes. Peut-être. Encore conviendrait-il de comprendre le sens d'une telle jalousie et de s'interroger pour savoir si elle est la cause ou l'effet d'une faille symbolique tapie dans les fondements de l'ordre patriarcal lui-même.

La crainte de l'insaisissable du désir

Un garçon privé d'« identification » maternelle comme le fut Fabrice pâtit d'une grave amputation d'une partie de lui-même. Il subit cette privation comme l'exercice d'une cruauté tyrannique de la part de son père ; cette violence est d'autant plus terrifiante qu'elle paraît insensée aux yeux de l'enfant. Il n'a pas les moyens de comprendre que l'adulte, mû par sa propre soumission à une violence symbolique qui s'exerce à l'encontre de la féminité, est resté un petit roi infantile et cruel[4] au rôle très différent de celui qu'un père peut et doit jouer auprès de son fils

1. A. Farge, J.-F. Laé, P. Cingolani, F. Magloire, *Sans visages. L'impossible regard sur le pauvre*, Paris, Bayard, 2004.
2. P. Bourdieu, *La Domination masculine*, *op. cit.*, p. 70.
3. F. Héritier, *Masculin/Féminin. La pensée de la différence*, *op. cit.*
4. S. Freud, « Psychologie des foules et analyse du moi », *op. cit.* Freud n'adhère pas à cette version de la fonction paternelle, il semble même croire que le fils meutrier de cette forme de tyrannie est le « préféré de la mère, que celle-ci avait préservé de la jalousie du père » (p. 166).

La représentation malfaisante du pouvoir maternel provient d'un même fantasme infantile masculin érigé en valeur universelle. Cette « toute-puissance » projetée sur les mères est à son tour jalousée, imitée et par là perpétuée en un véritable cercle infernal. La valeur symbolique essentielle du rapport d'un fils avec la féminité de sa mère est dès lors jalousée, dénigrée, villipendée.

Cette jalousie à l'égard des femmes ne leur reconnaît pas une sexualité désirante multiple, variée et aussi imprévisible que celle de leurs congénères de l'autre sexe. Or cette négation de l'Éros propre aux femmes trahit précisément une faille symbolique dans l'ordre patriarcal lui-même. Plus l'Éros féminin est nié dans sa singularité et sa complexité, plus il est identifié à quelque chose de malfaisant à l'égard de la « virilité » et plus il s'incarne dans les figures de « mères castratrices » forgées par l'imaginaire infantile.

Lorsqu'une femme ne peut défendre l'érotisme propre à son sexe auprès de ses enfants (soit qu'elle se sente méprisée et exclue, soit que sa propre sexualité soit vécue dans l'angoisse), cette dimension semble, pour son fils ou sa fille, associée à un interdit et apparaît d'autant plus effrayante, sauvage ou folle. Il devient impossible à l'enfant d'intégrer cette dimension féminine, nécessaire aussi bien à un garçon qu'à une fille. Si le désir des femmes n'était pas maintenu dans un tel statut d'« extraterritorialité » par rapport à la seule fonction féminine reconnue, c'est-à-dire la fonction de mère (elle-même codifiée, dévaluée ou au contraire idéalisée), le maternel apparaîtrait d'autant moins dangereux.

Le mécanisme d'ostracisme à l'égard du désir féminin, catégorie construite pour « naturaliser » les raisons de l'effroi[1] qu'il

1. S. Freud, « Contributions à la psychologie de la vie amoureuse », « Le tabou de la virginité », *La Vie sexuelle*, *op. cit.*, p. 71 : « Là où le primitif a posé

prétend expliquer, s'auto-alimente ainsi en terreurs imaginaires. Et cette angoisse s'ancre d'autant plus durablement du fait de l'amputation symbolique propre à la domination patriarcale, dont la panique à l'égard de l'imprévisibilité du désir est le symptôme. C'est la force symbolisante de l'Éros féminin qui, en « humanisant » le maternel, est susceptible de faire barrière à sa toute-puissance fantasmée, haïe et jalousée, et non pas seulement la fonction paternelle invoquée pour l'occasion, afin de séparer « pour leur bien » les fils de leurs mères. L'un n'étant pas exclusif de l'autre.

Faute d'une identification aux valeurs symboliques apportées par sa mère, un garçon est exposé à mimer un semblant de masculinité, sans racines ; il imite les traits de la virilité plutôt qu'il n'en use avec plaisir. Incapables d'aimer vraiment, ces hommes sont soumis à des ordres désincarnés, envieux et jaloux du féminin qui représente pour eux, par projection, une liberté du désir dont ils ne disposent pas. C'est ainsi que la jalousie à l'égard des femmes se transmet en une boucle infernale.

La solitude, l'amour, la mort

Les institutions sociales ont beau essayer de contrôler les pratiques et les modalités du plaisir sexuel des deux sexes et d'instituer des différences en une répartition variée et définie des genres

---

un tabou, c'est qu'il redoute un danger et on ne peut rejeter le fait que toutes ces prescriptions d'évitement trahissent une crainte essentielle à l'égard de la femme. Peut-être ce qui fonde cette crainte, c'est le fait que la femme est autre que l'homme, qu'elle apparaît incompréhensible, pleine de secrets, étrangère et pour cela ennemie. » Si la femme est « autre », qu'est-ce qui constitue cette altérité comme toute Autre et ennemie ?

sexués, une part du plaisir des corps échappe irréductiblement à toute institutionnalisation. Paradoxe, en effet, que notre humaine sexualité qui nous « déborde » toujours. Non exclusivement déterminée par nos hormones, elle échappe aussi aux tentatives du langage pour la circonscrire. Celui-ci a beau user des possibilités du fantasme pour transformer en plaisir les effets des jouissances ou des terreurs archaïques, il n'y parvient jamais parfaitement. Ainsi, une part de la sexualité échappe à toute maîtrise mécanique prédictive et laisse le parlêtre seul devant elle. Paradoxalement, en raison de cette relative indétermination génératrice d'angoisse, elle peut pourtant devenir le lieu d'un franchissement pour celui qui parvient à transformer sa crainte, par l'alchimie singulière du désir, en plaisir.

D'un autre côté, à cause de cette angoissante solitude (découverte par Freud sous le nom de sexualité « infantile »), hommes et femmes ont d'autant plus tendance à s'appuyer sur la construction des genres sexués afin de partager un sort commun avec d'autres. Le jeu souple entre le sexuel (la sexualité) et le sexué (les genres) est bien plus instable, incertain, ouvert aux rencontres du désir que la représentation normative de la différence entre les sexes ne le laisse prévoir ; et la vie offre heureusement des occasions nouvelles d'explorer différentes positions[1] subjectives et sexuantes.

Sans doute Freud a-t-il emprunté ses schèmes interprétatifs aux seuls mythes androcentriques de la Grèce ancienne, mais il y a introduit un bémol essentiel en affirmant la prévalence de la bisexualité psychique. Elle affirmait l'existence, l'importance et

1. J. Lacan, *Le Séminaire, livre XX. Encore*, Paris, Seuil, 1975, « Points Essais », 1999. Les différentes « positions » des sujets hommes ou femmes quant à la « Jouissance phallique » indiqueraient la préoccupation lacanienne de ne pas les figer selon un ordre immuable ; mais le féminin y est quand même pensé comme la limite externe du masculin.

le « roc » que constituait pour l'érotique masculine la part « féminine » de l'homme.

En tout cas, une brèche fut ouverte par l'ère freudienne dans le règne sans partage de l'ordre partriarcal, dans la mesure où il y est montré combien la violence symbolique de la domination des pères met à mal jusqu'au masculin en le privant de sa part féminine. Reste dans l'ombre, cependant, comme un impensé travaillant contre les apports de la théorie freudienne elle-même, cette autre forme d'inscription prétendument naturelle des différences entre les sexes qu'est la distribution des valeurs symboliques entre pères et mères.

Comme si les pères, seuls détenteurs de ce pouvoir[1] symbolique, avaient pour unique office de « séparer » les enfants de leurs mères pour les empêcher d'être réabsorbés par elles dans une « jouissance » aussi énigmatique que dangereuse. C'est méconnaître le plaisir propre à l'homme d'assumer une position paternelle, toute en complicité amicale avec ses fils. Ce n'est pas moins méconnaître le travail psychique, fait de liens certes mais aussi de séparations, qu'une femme met en œuvre à chaque nouvelle arrivée d'un être dans l'existence. Contrairement à ce qu'avance Bourdieu, les armes des faibles ne sont pas toujours « de faibles armes[2] », et le travail d'amour des mères qui s'ouvre à chaque naissance tire aussi sa force de ne pas être une arme.

1. M. Tort, *Fin du dogme paternel*, Paris, Aubier, 2005.
2. P. Bourdieu, *La Domination masculine*, *op. cit.*, p. 51.

La liberté d'Éros

Les désirs d'un homme et d'une femme ne sont ni identiques ni simultanés ; la représentation que l'un ou l'autre en a est différente. Qu'on impose des similitudes ou qu'on organise les différences des genres sexués de façon figée revient au même ; dans les deux cas s'exprime une jalousie haineuse contre l'hypothèse de leur laisser le champ libre et de tolérer le caractère à la fois inévitable et accidentel de leurs rencontres comme de leurs écarts. La partition des rôles féminins en multiples objets ne sert-elle pas à enrégimenter le jeu intrinsèquement multiple, instable et changeant des identifications sexuées ? Une telle rigidité des rôles sexuels a réduit longtemps la moitié féminine de l'espèce humaine à s'identifier exclusivement soit à un objet sexuellement excitant soit à l'inverse sacré.

Parce que les différentes positions sexuées sont pour l'essentiel construites « socialement », elles sont aléatoires. Par ailleurs, l'humaine solitude face au désir sexuel (toujours un peu traumatique) conduit à s'y appuyer et à vouloir croire en leur pérennité. L'ordre patriarcal (mais n'en serait-il pas de même d'un ordre matriarcal dès lors qu'il serait un ordre ?) se fonde sur ce hiatus pour instaurer entre les sexes des différences inamovibles et « construites en dur ». La jalousie qui s'exerce à l'égard du féminin ne revient-elle pas à lui imputer de vouloir garder en réserve et à son usage exclusif l'insaisissable, l'inattendu et le caractère libertaire d'Éros ?

Le jeu du désir laisse surgir une part d'incontrôlable, de trouble, d'indéfini qui fait le plaisir de la séduction, et qui est désir de plaire[1]

1. P. Hochart, « Le plus libre et le plus doux de tous les actes », *Esprit*, août-septembre 1997, *Les Modernes en mal d'amour*, p. 66-76.

en lui-même. Ni le masculin ni le féminin ne possède en propre cette liberté impossible à régenter du désir, mais tous deux l'incarnent à leur façon. Quand, sans reculer devant la solitude irréparable de l'expérience sexuelle, hommes et femmes consentent à se soumettre à la fugitivité du désir, alors seulement ils peuvent avoir l'illusion délicieuse de s'inventer l'un l'autre.

POUR CONCLURE

Au-delà de la jalousie

« Comment vivre ? » demeura pendant longtemps la question qui s'adressait aux psychanalystes. Comment faire le tri, interrogeait-on, entre les conflits engendrés par les aspirations dites « pulsionnelles » et des contraintes, inévitables ou plus aléatoires ? Derrière cette question pointe désormais une nouvelle interrogation qui la transforme complètement : ce n'est plus « *comment* vivre ? » qui fait l'objet du questionnement de nos patients, mais plutôt « où vivre ? ». En témoignent en premier lieu les jaloux eux-mêmes, ces « sans domicile fixe » de l'être que ruptures intérieures et blessures diverses ont coupés de l'accès à eux-mêmes. Il n'y a pas que les fous qui vivent ainsi « ailleurs », douloureusement exilés ; à leur façon, les jaloux eux aussi se trouvent mis « hors d'eux » par leur passion, semblant désespérément nous poser cette question : « Où vivre sans l'abri et le port d'attache que procure une identité solidement établie ? »

En manque d'identification et de repères qui lui offriraient un lieu où vivre, en l'absence de fantasmes qui permettraient de conjuguer les énigmes de l'amour à celles de l'érotisme, le jaloux vacille au bord d'une faille, en suspens, sans cesse menacé de chute. « Suis-je moi-même ou suis-je cet autre qui s'en va avec une partie de moi ? Suis-je aimé ou suis-je repoussé ? », interroge-t-il sans fin. Paradoxe du destin humain, la jalousie place l'individu en un lieu « impossible », un non-lieu à l'intérieur duquel il tente de se constituer comme sujet en même temps qu'il s'en trouve exclu. La jalousie dissimule et exhibe en même temps la terreur et la souffrance d'un abandon ; elle est liée à un « défaut » d'être.

La plus ordinaire de nos folies nous apprend ainsi combien tout jaloux se croit entouré d'hommes et de femmes « autres » que lui, vivant dans un monde « différent » et sans commune mesure, dotés souvent de pouvoirs dont il se croit dépourvu. À la recherche de ces « autres » perdus autant que de lui-même, il oscille, égaré, incapable d'affronter les incertitudes du désir. Croyant trouver la cause et par suite l'illusoire solution de ce qui le fait souffrir dans la figure du rival, il ignore qu'en réalité c'est l'image même qu'il forge pour donner forme à son inquiétude qui l'aliène et l'enferme de plus belle.

C'est seulement à l'issue de la jalousie que le jaloux, reconnaissant dans le rival une figure du semblable, devient capable de ne plus craindre les pouvoirs fantasmés qu'il lui a attribués. Consentant enfin à accepter l'humaine condition, faite d'identités fragiles, d'émotions tremblantes et d'incertitudes sans garanties, il pourra reconnaître que nul complot n'a présidé à sa souffrance. C'est en acceptant de considérer sa propre fragilité en même temps que celle des autres qu'il lui sera possible de mettre un terme à l'éternel procès en infidélité qu'il intentait aux objets de son amour.

Tout cela nous montre combien rivaux, rivales, amants et amantes, en fournissant au jaloux ou à la jalouse l'occasion d'endosser la posture de victime, lui permettent, par la même occasion, de diviser aisément le monde entre les martyrs de la trahison (eux-mêmes) et les bourreaux des cœurs. Une telle conception du monde est d'une rigidité bien aliénante. Le jaloux s'y montre incapable de s'identifier à quiconque. Avec une implacable constance, ses rivaux ou amantes lui apparaissent tôt ou tard étranges, inaccessibles, et à la fin malfaisants. Cela a un intérêt éthique et politique ; car si, contre toute apparence, le rival (et, indistinctement, tous ceux qu'il a élus) est à ce point inabordable aux yeux du jaloux, c'est le statut de « l'autre » que la jalousie soulève. À travers la faille de sa propre identité, le jaloux montre combien tout autre, dès lors qu'il compte pour lui, est placé loin de lui, hors scène, hors parole, hors lien. La question éthique – le statut de l'autre – trouve sa conséquence politique dans celle d'inventer comment diminuer la distance que la jalousie révèle entre soi et l'autre.

Elle interroge sur ces mêmes points l'art du psychanalyste. Suspendus aux lèvres d'un aimé auquel ils n'accordent plus leur confiance, les jaloux invitent le psychanalyste, s'il veut aller à leur rencontre, à imaginer la position invivable dans laquelle ils demeurent malgré eux. Pour les jaloux et les jalouses, l'analyste ne représente pas seulement un personnage de leur histoire ; l'analyse est d'abord le lieu de tous les mots et de toutes les images de la langue d'enfance dont ils ont été dépouillés ou qui leur a fait défaut. Habiter l'espace blessé d'un autre, lui prêter ses images, ses limites et ses failles pour qu'il dénoue les baillons de sa langue d'enfance permet d'inventer une nouvelle économie d'Éros qui, loin de s'effrayer des points communs, au contraire s'y adosse.

Si psychanalystes et patients sont semblablement sujets aux intermittences du cœur, leur position différente dans l'espace partagé du transfert permet aux limites du dicible et de l'indicible de l'expérience de soi d'être déplacées et, par suite, vécues et déchiffrées d'une manière inédite. Tout transfert entre un analyste et son patient se fonde sur une traditionnelle et nécessaire dissymétrie ; celle-ci, pourtant, n'exclut pas le difficile chemin de la réciprocité, indispensable à ceux qui vivent « hors d'eux » afin qu'ils puissent revivre ce qui n'a pu l'être et construire les murs de leur identité. Afin de trouver une issue, la douloureuse oscillation dans laquelle jaloux et jalouses sont en suspens impose à celui qui les écoute d'accepter de voyager avec eux dans une barque « jalouse », agitée et imprévisible. C'est à cette seule condition que le jaloux pourra se risquer à abandonner les mirages de ses imaginaires rivaux, qui le condamnent à traquer sans répit les signes de l'infidélité de ceux ou celles qu'il aime.

Le jaloux n'est pas en mesure de se séparer des objets de sa quête, il y reste accroché, en attente. Ne pouvant ni aimer ni haïr vraiment, obligé d'osciller sans cesse entre l'attachement et la fureur de détruire, il ne parvient pas à se détacher de ses objets d'amour (ou de jalousie). Quand il y a fixation, arrêt, impossibilité ou interdiction du déploiement des mouvements d'investissement (aimer) et de désinvestissement (se séparer), c'est toute la force libertaire de la langue d'enfance qui se trouve paralysée. Aider un tel être, c'est lui rendre l'usage de cette langue violente et transgressive, figée et bâillonnée en lui par une angoisse intolérable. Rendue à la vie, l'enfance pourra dès lors trouver à s'exprimer dans l'adulte pour son plus grand profit. Quand, par la grâce de son analyse, le jaloux en retrouve les élans, sans culpabilité, c'est qu'il a été capable de faire l'épreuve que sa destructivité n'était pas aussi meurtrière qu'il le redoutait, que ses amours y survivent, et son analyste aussi…

La question « où vivre ? » suppose l'existence de lieux invivables qu'à l'écoute de la folie la psychanalyse a appris à explorer. Parmi d'autres passions ordinaires, la jalousie, elle aussi, vient en témoigner. La question de « l'invivable » impose au praticien d'apprendre à imaginer et à se déplacer en des lieux qu'il ignore, tant celui qui en est prisonnier manque de mots pour s'y tenir et y vivre. Il revient au psychanalyste de construire avec son patient un espace où la possibilité d'une rencontre avec un semblable s'élabore. En d'autres termes, cela revient à ménager avec lui l'espace vide, indéterminé, de sa prédisposition à aimer, en évitant de saturer celui-ci de proclamations ou de déclarations de bonnes intentions. Les conséquences dépassent, on le voit, les limites de la seule pratique analytique : n'est-ce pas un enjeu éthique et/ou politique brûlant que de penser et de chercher à construire un espace où deux semblables puissent se tenir ensemble ?

Ouvrages cités

D. Anzieu, *Le Moi-Peau*, Paris, Dunod, 1986.

Saint Augustin, *Confessions*, Paris, Gallimard, « Folio classique », 1993.

S. de Beauvoir, *Faut-il brûler Sade ?*, Paris, Gallimard, « Idées », 1972.

S. Beckett, *Proust*, Paris, Minuit, 1990.

P. Bourdieu, *La Domination masculine*, Paris, Seuil, « Liber », 1998, « Points Essais », 2002.

J.-T. Desanti, « L'avenir a-t-il une civilisation ? », entretien avec M. Fennetaux, *Césure*, n° 4, mai 1993.

F. Dolto, *L'Image inconsciente du corps*, Paris, Seuil, 1984.

A. Farge, J.-F. Laé, P. Cingolani, F. Magloire, *Sans visages. L'impossible regard sur le pauvre*, Paris, Bayard, 2004.

S. Freud, *Inhibition, Symptôme, Angoisse*, Paris, PUF, 1971.

— « Contributions à la psychologie de la vie amoureuse », *La Vie sexuelle*, Paris, PUF, 1970.

— « Sur quelques mécanismes névrotiques dans la jalousie, la paranoïa et l'homosexualité », *Névrose, Psychose et Perversion*, Paris, PUF, 1997.

— « Le problème économique du masochisme », *Névrose, Psychose et Perversion*, Paris, PUF, 1997.

— « Dostoïevski et le parricide », *Résultats, Idées, Problèmes II*, Paris, PUF, 1985.

— *L'Inquiétante Étrangeté et autres essais*, Paris, Gallimard, « Connaissance de l'inconscient », 1985.

— « Psychologie des foules et analyse du moi », *Essais de psychanalyse*, Paris, « Petite bibliothèque Payot », 1981.

— *Abrégé de psychanalyse*, Paris, PUF, « Bibliothèque de psychanalyse », 1970.

E. Gaddini, *L'Imitation*, Paris, PUF, « Le fil rouge », 2001.

Y. Gampel, *Ces parents qui vivent à travers moi. Les enfants des guerres*, Paris, Fayard, 2005.

R. Girard, *Shakespeare. Les feux de l'envie*, Paris, Grasset, 1990.

P. Grimal, *Dictionnaire de la mythologie grecque et romaine*, Paris, PUF, 1969.

G.F. Haendel, *Hercules*, livret de T. Broughton.

F. Héritier, *Masculin/féminin. La pensée de la différence*, Paris, Odile Jacob, 1998.

P. Hochart, « Le plus libre et le plus doux de tous les actes », *Esprit*, août-septembre 1997, *Les Modernes en mal d'amour*, p. 66-76.

M. Klein, *Envie et Gratitude et autres essais*, Paris, Gallimard, « Tel », 1978.

J. Lacan, *Le Séminaire, livre X. L'angoisse*, Paris, Seuil, 2004.

— « Kant avec Sade », *Écrits*, Paris, Seuil, 1967, p. 768-769.

— *Le Séminaire, livre XI. Les quatre concepts fondamentaux de la psychanalyse*, Paris, Seuil, 1973, « Points Essais », 1990.

— *Le Séminaire, livre III. Les psychoses*, Paris, Seuil, 1981.

— *Le Séminaire, livre XX. Encore*, Paris, Seuil, 1975, « Points Essais », 1999.

La Rochefoucauld, *Réflexions ou Sentences et maximes morales*, Paris, Classiques Garnier, 1957.

O. Le Cour Grandmaison, *Haine(s). Philosophie et politique*, Paris, PUF, 2002, p. 255.

J. McDougall, *Éros aux mille et un visages*, Paris, Gallimard, « Connaissance de l'inconscient », 1996.

N.-C. Mathieu, *L'Anatomie politique. Catégorisations et idéologies du sexe*, Paris, Indigo/Côté femmes, 1991.

D. Meltzer et M. Harris Williams, *The Apprehension of Beauty : the Role of Aesthetic Conflict in Development, Science and Art*, Old Ballechin, Strath Tay, Clunie Press for Roland Harris Trust, 1988 ; *L'Appréhension de la beauté. Le rôle du conflit esthétique dans le développement psychique, la violence, l'art*, trad. fr. par David Alcorn, Larmor-Plage, Éditions du Hublot, 2000.

M. Montrelay, « La jalousie : un branchement direct sur l'inconscient », « I. Questions à M. Montrelay » (C. Casadamont et J.-J. Blévis), « II. Réponses de M. Montrelay », *Che vuoi ? Revue de psychanalyse*, n° 6, *La Jalousie*, Paris, L'Harmattan, 1996.

— « Les femmes qu'on jalouse sont toujours blondes », in M. Chapsal, *La Jalousie*, Paris, Fayard, 1977.

G. Pankow, *L'Homme et sa psychose*, Paris, Aubier-Montaigne, 1969.

Y. Pélissier, M. Bénabou, D. de Liège, L. Cornaz, *789 Néologismes de Jacques Lacan*, Paris, EPEL, 2002.

M. Proust, *À la recherche du temps perdu*, Paris, Gallimard, « Bibliothèque de la Pléiade », t. IV, 1995.

A. Rey (dir.), *Dictionnaire historique de la langue française*, Paris, Le Robert, 1998, article « odieux, odieuse ».

Saint-John Perse, « Anabase », chant I, *Œuvres complètes*, Paris, Gallimard, « Bibliothèque de la Pléiade », 1972.

J.-P. Sartre, *L'Imaginaire*, Paris, Gallimard, « Folio essais », 1986.

W. Shakespeare, *Othello*, *Œuvres complètes*, *Tragédies II*, Paris, Robert Laffont, « Bouquins », 1995.

K. et M. Solms, *Clinical Studies in Neuro-Psychoanalysis. Introduction to a Depth Neuropsychology*, New York, Karnak Books, 2002.

M. Tort, *Fin du dogme paternel,* Paris, Aubier, 2005.

F. Tustin, *Le Trou noir de la psyché*, Paris, Seuil, 1989.

D.W. Winnicott, *La Crainte de l'effondrement et autres situations cliniques*, Paris, Gallimard, « Connaissance de l'inconscient », 2000.

Table

RÉALISATION : NORD COMPO À VILLENEUVE-D'ASCQ
IMPRESSION : FIRMIN-DIDOT AU MESNIL-SUR-L'ESTRÉE
DÉPÔT LÉGAL : MARS 2006. N° 66225 (78365)
IMPRIMÉ EN FRANCE